我的老师
孔仲尼

鲍震 著

学林出版社
上海人民出版社

/ 序* /

起初,听闻我的师兄任子选计划写一本纪念老师孔子的书,我是并不看好的。

首先,在为老师守丧的三年间,我们全体师兄弟一起编辑整理,出了一本很好的书,名为《论语》。在那本书里,对孔老师的言谈举止已有非常翔实的记载。而且,它又得到了非常广泛的传播。

其次,即便是像有子有、颛孙子张、卜子夏那样

---

* 本引言原题为《弁》,是一篇残破不堪的书稿。中间还有几行的缺损,我只能大致将原文恢复至此。——鲍震注。

有不少徒弟追随的师兄弟，在日后也都只敢给《论语》新添上几则而已，一概没有另外著书立作以记录老师言行的。

而任子选在众师兄弟中并不突出，追随老师数十年，却没有在圈内混出一点儿名气。他学识不为人所知，品貌不为人所赏，甚至在编辑《论语》的过程中也不够积极，以致自己都没能在书中露面。他写的纪念孔老师的书，会有人看吗？

但即便如此，任子选还是凭着韧性，将这本《我的老师孔仲尼》写成了。书成之后，他许了我三秉小米作为润笔，让我为他作序。

他的书稿在桌上堆了整整三个月，我也没有放在心上。直到有一天，连蚂蚁搬家都令我看得无聊，我才终于拿起这一叠竹简。

没成想，这一捧起，再放下已是两天之后——我竟一刻不歇地读完了全书。在任师兄的笔下，我们的老师仿佛真的活了起来。而我也瞬间放下了先前对本书的偏见,诚心实意地向大家推荐本书。

至于其他夸奖的话,就不需我多啰嗦了。一来,书评家们会说我的好评全是出于先前收下的那三秉小米;二来,书店为序言也只预留了这两片半竹简的空间。

因此我只好就此打住,以下便是任师兄的正文。

言偃

/ 目录 /

序　　　　　　　001

我们的老师　　　001
不齐的拜师　　　018
子路的拜师　　　026
老师的去齐　　　036
老师的学堂　　　056
老师的老师　　　066
子贡的好学　　　090
颜渊的志向　　　099
子路的"失宠"　　108
商瞿的学易　　　119
老师的算卦　　　131
老师的为政　　　138

老师的立功　　　148
老师的罢官　　　175
子路的助人　　　199
卫公的爱好　　　207
老师的"艳遇"　　219
子贡的望回　　　227
叶公的为政　　　244
老师的回国　　　255
冉有的叛道　　　262
子路的殉道　　　270
子贡的卫道　　　282
主要参考书目　　300

后记　　　　　　301

我们的老师

周敬王四十一年,也就是鲁哀公十六年①。那年的四月辛卯,天刚蒙蒙亮,我正睡在鲁国武城县的县衙里,窗外是阵阵春雷滚滚,雨打瓦檐。这天气,让人实在想睡个懒觉。

但子游却一点生活情趣都没有,才过拂晓,他就来敲门喊我起床。他说"鸡鸣",我说"昧旦"②,可他却没有兴趣跟我背诗,而是立马进门把我从床上拽了下来。除此之外,子游还附赠了我一顿教训,说曾经老师讲过,睡懒觉是"朽木粪土"们才会干的事情,要做君子的话就不能为也。③

道理我们都懂，可是他也该体会一下我昨天帮他熬夜改公文的辛苦——况且那公文还奇长无比，害得我只能把字写得极小。到最后只剩几片竹简，我更得一列挤作两列写才勉强够用。加上武城又实在买不到好灯油，都是些亮光没多少、光会一个劲儿地冒黑烟的搓灯油，直熏得我眼睛生疼。

强打精神起了床，低头一看今天穿的是白长衫，念了一遍老师之前教过的穿衣口诀：缁衣羔裘，素衣麑裘，黄衣狐裘[④]。于是赶忙丢下了手边的羊皮衣，转而从衣柜里翻出一件鹿皮衣套上——怕子游等一下看我穿衣不按标准又要说我做不成君子。

出得门来，发现澹台灭明早就召集来了武城的唱诗班，正在大院里搭雨棚准备排练。再过两天就是春分，照着周礼，那天是要祭祀太阳的。所以这段时间他们一直在抓紧排练祭日仪式上的歌舞，即便是下雨也不敢偷懒。

前两天子游专门派人去曲阜邀请我们的老师，想让他来担任祭日仪式的主祭人。算算日子，今天信使应该就能回来了。说起我们的老师，还真挺值得拿来炫耀一番——他就是鲁国的孔子，全天下最懂礼的人。

从师门辈分上看，子游算是我的小师弟，他大名叫作言偃，字子游。⑤虽说我是他师兄，可我也还是不敢对他直呼其名，而是以字敬称。其中的原因——无他，盖所谓天下有达尊三：爵一、齿一、德一。⑥爵么，我俩是都没有的，皆是两个平头百姓；而另外两个，我占了个"齿"，他占了个"德"——所以我俩的地位其实十分平等，故互相以字称之也。

所谓的"齿"，就是年龄。岁数上看，我比他大了整十五岁，那年他二十八，我四十三；但"德"上面，他就要比我高得多了。子游是老师钦点的文学科第一名，也是师门十哲之一⑦。年轻有为，才二十出头就当上了武城县的县长；而我四十出头了还没混出什么好名堂，用老师的话来讲，真是"斯亦不足畏也已"⑧。

作为孔门唯二的两个"南蛮"（他是吴国人，我是楚国人），我俩的关系一直都挺不错。几年前子游拿到了武城县县长的委任状，我也便以师爷的名义跟着他一同上任。

而这个澹台灭明⑨，却是个土生土长的武城人，他字子羽，年龄在我和子游之间，比我小九岁，比子游大六岁。由于我并不觉得他在德行上有什么过我之处，所以我便毫不惭愧地对他直呼其名，但不知什么缘由，子游却一直把他当作个贤人看待，实在是岂有此理。要说我不待见澹台灭明的原因，主要原因有二：

首先，是他长得不好看，但这倒不是我讨厌他的主要原因。归根结底还是因为他不光长得丑，还又偏喜欢扮帅：每天出门前，都非要收拾一两个时辰不可，胡子刮得精细，衣服捋得整平，头发盘得浑圆了才能出门。哪怕只是下楼买个菜,也要正装出席。无论在家在外,走路的时候,手都永远背在身后,头更是昂得老高。哪怕有急事也不快跑,依旧如往常一步一踱,以显风度。这个派头,让眼神不好的人远远地瞧,还真是白衣飘飘、风度翩翩。

正因为如此,世人对于他的长相也就流传开了两种截然不同的评价,没见过他真人的,都说他有"君子之容"[⑩];但真见过他的,就都改口说他"状貌甚恶"[⑪]了。

当然,要耍帅,光有仪态肯定是不够的,还得会扮孤独。而澹台灭明就是这一行当的高手。他为人从不合群,每天只一个人在窗边的办公桌前跪坐着,满脸忧郁,跟谁都不讲话。下了班我们衙门组织什么团建郊游他也从不参加,都推说要回家做学问——然而这么多年下来,虽说靠他的"君子之容"的确骗到了不少人拜他为师,但也没见到他门下哪个学生真成了才。

言到这里,如果各位读者还记得三段之前有个"首先",那么现在要开始"其次"了。

嗯,其次,澹台灭明是个过于"正派"的人。如果要举个例子来证明一下,那可以讲讲他从来不肯踩草坪的事迹。

按道理说,平时踩不踩草坪的关系并不很大,不过是惹人烦一点,大伙一起走路都得等着他罢了。但上次他老婆生孩子,来人催他赶快回家,他竟也还同往常一样,不紧不慢地昂首绕过了衙门口前广场上的大草坪。⑫等他最终到家的时候,连接生婆都已经被家里人感谢完送回去了——结果惹得他亲家雇人来骂了他半日的"直男癌""把老婆当生育机器"。他倒也是机智,只在家里闭门不应。

那些大妈在门外骂累了,一瞧时间够钟,便立即每人对着地上啐了一口痰,收工回家做饭去了。第二天太阳出来一晒,浓痰一蒸发,白茫茫的大地真干净,丝毫看不出有"女权主义者"曾经到访的痕迹。

总而言之,"正派""君子"的澹台灭明,被子游推荐给了老师去做学生。可没过几天,他就悻悻地回来了。子游偷偷打发人去问老师原因,结果老师只说了一句"以貌取人,失之子羽"。

有人猜说这句话的意思是孔先生嫌他长得丑,所以不愿教他。但如果真比丑的话,我还有个师弟叫高柴的,那才叫真的丑,身高不到一米,脸黑得像块焦炭,但老师不也照样教他,还又讲礼又讲义的。⑬

所以我还是小人之心地感觉另外一种猜法应该更靠谱一点——即老师其实是在感叹,自己也被他的"君子之容"给骗了。而澹台灭明或许也是觉得跟老师学不到扮帅的新招式——只有什么"温而厉,威而不猛,恭而安"⑭——但这种老年人的帅法他是不肯学的,不如早点回武城来自己研究。

按我的观察,用老师常讲的一句话来说,澹台灭明可能就是"文胜质则史"⑮的典型,这句话翻译一下,就是外表派头超过了内在的修养,就会显得浮夸虚伪。

不过乱猜归乱猜,谁也不知道究竟发生了什么。澹台灭明自己倒是在个人简历中"教育"那一栏里偷偷加上了"求学于孔子"这么一条,于是子游也就不再多问,还是给他官复原职,继续做武城县办公室主任的工作。从此我们三个就成了同学兼同事。

回顾一下,这几年来,虽偶有些小矛盾,但在子游的带领下,遵循着老师的教诲,我们仨也把武城治理得有模有样。三年前老师还专门带其他同学来视察过一回。

那次老师突然造访,我们还没来得及做好形象工程,连迎上去送花的小朋友和道两旁摇旗子的路人都没准备。子游草草带着我俩匆忙出城迎接。即便毫无排场,但老师却依然很高兴:言偃啊,在武城做什么好事啊?

这里要用到一个专业术语,子游"对曰"⑯:"不敢不敢,很惭愧。只做了一点微小的工作。"

老师:"还微小啊,我在城外老远就听到城里弦歌鼓琴的,给百姓放这么高雅的音乐,他们听得懂吗?俗话说:杀鸡焉用宰牛刀?让他们听听郑声就好了嘛。"

子游一直是个没什么幽默感的人,听不出老师是在跟他玩笑,所以又赶忙对曰道:老师之前说过,君子学道则爱人,小人学道则易使。我现在就是在用礼乐感化百姓,怎么能给他们听郑声这种粗俗歌曲呢?

老师一看子游把玩笑当了真,担心其他同学也有跟他一样不识趣的,马上转过头跟随从的同学们说:"你们都好好听听你们师兄言偃说的,要把他的话记下来,我刚刚就是随便调侃调侃,不能当真的。"⑰

闲话就此打住,回到鲁哀公十六年四月辛卯的武城县衙小院里。唱诗班在院子里呜呜嗡嗡地边唱边跳,我出了房门凉风一吹逐渐有点清醒过来。

正当此时,忽然听到有人来砸院门,把我吓了一跳。澹台灭明跑去开门,原来是子游先前派出去的信使带着我们的小师弟叔仲会⑱一起回来了。本想热情迎接,却得知他们带来的并不是捷报,而是个噩耗:我们的老师孔子,两天前去世了。

实话说来,我对这一消息其实早就有些准备,但它的突然降临,还是让我不愿接受。

就在老师视察完武城回去后不久,他的独子伯鱼和他最喜爱的学生颜渊便相继离世。自那时起,我就暗暗有了担心——从那以后,老师再没有弹过一次琴,也再没有唱过一首歌。更尤其去年大师兄子路又惨死卫国,老师在之后的一个月里一句话都不说,每天只是静静地拄杖站在门口,目视远方。直到子贡终于打破了寂寞,请求老师开口讲几句话,而他也只是感叹道:"天何言哉?天何言哉……"⑲

据叔师弟说，老师去世前时常自言自语："当年与我一起在陈蔡受苦的学生，现在都离我而去了啊……"[20]子游听了这句话，瞬时泪如雨下——他当时就陪在老师身边，给老师挖过野菜煮菜汤喝。

记得几年前，老师终于结束漂泊，受邀回到鲁国，又被鲁哀公推做了"国老"，国家的所有政策都要提前向老师禀报，以征求他的意见。那时，老师曾生了一场大病，生命垂危，子路带着我们准备以大夫之礼筹备老师的丧事。结果老师竟神奇地病愈，事后还把子路骂了一顿："你就这么盼着我死吗？相比鲁国的大夫，我更看重的身份是你们的老师啊！为什么你们不能以弟子对老师的礼节来办我的丧事呢？"[21]

如今再度想起这件旧事，虽大不敬，但我以为，如果老师当时真的离世，或许不会像今天这样的悲凉吧。毕竟，老师最爱的十个学生，这一回只有子贡一人能够陪在老师身旁。[22]

那天老师一人在家，起了个大早。闲着无事，便也学起了澹台灭明，背着手，拖着拐杖，逍逍遥遥地踏出了家门。本打算出城往郊外走走，但毕竟力不从心，才走过两个路口，就有些喘不上来气，只好调头回家，边走边哀唱："泰山其颓乎！梁木其坏乎！哲人其萎乎……"

拄着拐杖慢慢回了家，老师坐在台阶上满是遗憾，这时子贡前来拜访老师。老师忽然欣喜起来，但又很快重归于失落："赐啊㉓，你怎么才来啊！我听说，周人死了以后，停灵于西阶；夏人死了以后，停灵于东阶；殷人死了以后，停灵于两柱之间。我昨晚梦见我坐在两根柱子中间，而我就是殷人的后裔啊……只可惜天下无道了这么久，却至今也没有人听我的啊……"㉔

身为言语科的高徒，子贡当时也竟口拙，说不出一句话来。只是静静地站在老师身边。七天之后，老师果然去世了。

生,事之以礼;死,葬之以礼,祭之以礼。子贡承担起了主持老师丧礼的重任,首先,就是派当时在老师身边的年轻弟子向分隔天南地北的师兄弟报丧,叔仲会即是被派来告知我们三个的。

老师曾教导:乐而不淫,哀而不伤。㉕但我们三人却都没能做到这点,当日一整天都恍恍惚惚、魂不守舍,排练自然也丢在一边。第二天一早,我们就匆忙出发赶往曲阜。

子贡对我们说,当年颜渊和子路去世的时候,老师想以对待儿子的礼仪准备他们的葬礼。那么如今,我们更应该按照对待父亲的礼节来操办老师的葬礼。

同学们对子贡的提议纷纷附和。精通礼仪的小师弟公西华担任了丧事的总司仪,一切尊礼制,在老师的棺椁当中,我们放置了夏商周三代的礼器,最后将老师葬在了泗水之上。既然是要像对待父亲一般,葬礼

之后大家又全部留了下来，为老师继续守三年之丧。㉖

我们在老师的墓旁搭起了小屋，一住就是三年。这三年里，同学们一起回忆老师生前的一言一行。因为老师跟我讲的话不多，我在课堂上也嘴笨不会问问题，所以几乎插不进嘴——但我也很快找到了自己的职责，便是将同学们所说的每一则都记录了下来。对于四十五十还无闻焉的我，记下后面的这些文章，应当就是对老师最好的纪念了吧。

注释：
① 公元前479年。
②《诗经·郑风·女曰鸡鸣》：女曰鸡鸣，士曰昧旦。子兴视夜，明星有烂。将翱将翔，弋凫与雁。意为：女说公鸡打鸣了，士说天色还没亮。你快起床看天色，启明星多明亮。水鸟将要飞出来，快去射野鸭和大雁。
③《论语·公冶长》：宰予昼寝。子曰："朽木不可雕也，粪土之墙不可杇也！于予与何诛？"子曰："始吾于人也，听其言而信

其行；今吾于人也，听其言而观其行。于予与改是。"

④ 出自《论语·乡党》，译文：黑衣服配羊皮衣，白衣服配鹿皮衣，黄衣服配狐皮衣。

⑤《史记·仲尼弟子列传》：言偃，吴人，字子游，少孔子四十五岁。

⑥ 据《孟子·公孙丑下》记载，齐宣王要召见孟子，孟子不去，并批评道：天下有三样值得尊敬的事：爵位、年龄、品德。你齐宣王不过是有爵位而已，我品德和年龄都比你高得多，你怎么能以其一慢其二呢？应该你来见我才对。

⑦《论语·先进》：德行：颜渊、闵子骞、冉伯牛、仲弓。言语：宰我、子贡。政事：冉有、季路。文学：子游、子夏。

⑧《论语·子罕》：子曰："后生可畏，焉知来者之不如今也？四十、五十而无闻焉，斯亦不足畏也已！"

⑨《史记·仲尼弟子列传》：澹台灭明，武城人，字子羽，少孔子三十九岁。

⑩《孔子家语·子路初见》：澹台子羽有君子之容，而行不胜其貌……孔子曰："里语云：相马以舆，相士以居，弗可废矣。以容取人，则失之子羽……"

⑪《史记·仲尼弟子列传》：澹台灭明……状貌甚恶。欲事孔子，孔子以为材薄。既已受业，退而修行……南游至江，从弟子三百人，设取予去就，名施乎诸侯。孔子闻之，曰："吾以言取人，失之宰予；以貌取人，失之子羽。"

⑫《论语·雍也》：子游为武城宰。子曰："女得人焉耳乎?"曰："有澹台灭明者，行不由径，非公事，未尝至于偃之室也。"

⑬《论语·仲尼弟子列传》：高柴，字子羔。少孔子三十岁。子羔长不盈五尺，受业孔子。

⑭ 出自《论语·述而》，意为：温和而又严肃，威严而不凶猛，恭谨而又安详。

⑮《论语·雍也》：子曰："质胜文则野，文胜质则史。文质彬彬，然后君子。"

⑯ 古代晚辈回答长辈的问题，要用"对曰"。

⑰《论语·阳货》：子之武城，闻弦歌之声。夫子莞尔而笑，曰："割鸡焉用牛刀?"子游对曰："昔者偃也闻诸夫子：'君子学道则爱人，小人学道则易使也。'"子曰："二三子！偃之言是也，前言戏之耳。"

⑱ 叔仲会，孔子晚年时期的弟子。

⑲《论语·阳货》：子曰："予欲无言。"子贡曰："子如不言，则小子何述焉?"子曰："天何言哉?四时行焉，百物生焉，天何言哉?"

⑳《论语·先进》：子曰："从我于陈、蔡者，皆不及门也。"

㉑《论语·子罕》：子疾病，子路使门人为臣。病间，曰："久矣哉，由之行诈也！无臣而为有臣。吾谁欺?欺天乎！且予与其死于臣之手也，无宁死于二三子之手乎！且予纵不得大葬，予死于道路乎?"

㉒ 就在孔子回国后的短短几年里，颜渊、闵子骞、冉伯牛和子路，都相继去世；冉有为鲁国权臣季氏家族敛财害民，被孔子逐出了师门；宰我参与了齐国的内乱，成了孔门的耻辱；子游、子夏和仲弓也都离开了孔子，赴异地从政。

㉓ 子贡，姓端木，名赐，字子贡。

㉔ 《孔子家语·终记解》：孔子蚤晨作，负手曳杖，逍遥于门，而歌曰："泰山其颓乎！梁木其坏乎！哲人其萎乎！"既歌而入，当户而坐。子贡……遂趋而入。夫子叹而言曰："赐，汝来何迟。予畴昔梦坐奠于两楹之间，夏后氏殡于东阶之上，则犹在阼，殷人殡于两楹之间，即与宾主夹之，周人殡于西阶之上，则犹宾之，而丘也，即殷人。夫明王不兴，则天下其孰能宗余，余殆将死。"遂寝病，七日而终。

㉕ 出自《论语·八佾》，意为：快乐，而不过分；悲伤，亦不至于有伤害。

㉖ 《孔子家语·终记解》：孔子之丧，公西赤掌殡葬焉。唅以疏米三贝，袭衣十有一称，加朝服一，冠章甫之冠，佩象环，径五寸，而綦组绶，桐棺四寸，柏棺五寸。饬棺墙，置翣。设披，周也，设崇，殷也，绸练设旐，夏也，兼用三王礼，所以尊师，且备古也。葬于鲁城北泗水上，藏入地不及泉，而封为偃斧之形，高四尺，树松柏为志焉。弟子皆家于墓，行心丧之礼。

不齐的拜师

我叫任不齐,是大周朝时候的楚国人。周景王二十四年①四月初四的那天下午,出生在楚国的郢都一个商人家里。②

我猜未来如果有人肯给我立传的话,上面这句话估计是要写在开篇头一句的。但是,对于一个地道的楚国人来说,这句话其实有着两个大问题:

第一,我们楚国并不从属于什么周王朝,所以并不能叫作"大周朝的楚国人"——且这是一个确凿到可以用"自古以来"当作前缀的定论。

早在两百多年前,我们的先王熊通,就曾专门为此去找过一趟周天子,试图归附于周王朝,顺便讨论一下,能不能给个公爵、侯爵什么的当当。但周天子却毫不给面子,把熊通当作南蛮酋长看待,所以还是只肯给一个子爵③就要打发他走。

熊通于是很生气,一怒之下抢来了周天子的诸侯簿,不但把我们楚国的名头划了,还把一切汉水以南的诸侯国尽数划了。紧接着骂了一句:"了账,了账,今番不服你管了!"旋即就回国自称了楚王。当然,名头正了之后,自然还得成些事。所以熊通又以楚王的名义,给其他南方诸国封了一大堆公爵伯爵啥的,从这起,我们楚国就算是和周王朝正式分了家。④

而第二个问题,便是我们楚国很显然是不会用周景王来纪年了。

按照我们楚国"以事纪年"的传统,我出生的那年,应该叫"伍员奔吴之岁"⑤的后一年。如果大家不知道伍员是谁,那么他更为人所熟知的称号叫"伍子胥"。至于他为什么要投奔吴国，那就有些说来话长了：

首先，伍子胥是个官三代，他爷爷伍举，曾经劝谏过楚庄王，所以才有了"三年不飞，一飞冲天；三年不鸣，一鸣惊人"⑥这么一个故事。如果你连这个故事都不知道，那就真的该多读读书了。

不过好景不长，庄王之后的楚平王怀疑伍举的儿子（也就是伍子胥他爹）伍奢要谋反，就把他抓起来杀了头。同时，又有人偷偷跟楚王使坏，说伍奢的儿子伍子胥是个好学生，学习成绩特别好，怕留着以后也是个祸患。

为此楚王又想抓伍子胥，但可惜伍子胥跑得比谁都快，早早就逃去了隔壁的吴国。而吴楚两国又是世仇，所以吴王果断向伍子胥提供了政治庇护，还拜他为上将军。

之所以要详细地交代一下伍子胥的身世，是因为他影响了我一生。在我十五岁那年，伍子胥带着吴国的军队打回了郢都，报了杀父之仇。"彼黍离离，彼稷之苗。"国家遭难，家里也没法接着做生意。于是父亲想让我改行去从政，但我却又一无是处，文不能测字，武不能防身。

正在这时，我舅舅打听到鲁国有位叫孔仲尼的，办了一所学校，教出来的学生不少都做了官。家里人一合计，就给我整理了行囊，备足了盘缠，择良辰吉日送我上路。

就这样，在吴人入郢之岁，也就是周敬王十四年⑦，十五岁的我踏上了北上的路途。当时孔仲尼正在齐国见齐景公，从郢都出发，整整一个月时间，我终于赶到了齐国的都城临淄。⑧

后来有人挑我的茬，说同一段路，当年墨子可是十天就走到了，你怎么要花一个月。对此我有三个解释⑨：

第一，墨子是个武林高手，身轻如燕；

第二，墨子走路晚上是不休息的，所以他其实走的是十日十夜，如果他肯晚上休息，那也一样要走个二十来天；

第三，其实我们俩走的并不是同一段路，吴人入郢之后，我们迁过两次都，但我们楚人比较懒，不管怎么迁都，都把首都叫作"郢"。而墨子去的其实是迁都之后的那个郢，所以跟我的出发点并不是同一个地方。

闲言少叙，如上所述，我终于在齐国的临淄城见到了孔先生，并按照规矩，献上了十条干肉当作学费，就这样成了他的学生。⑩

作为他的第一个"南蛮"学生，孔先生对我倒是毫不轻视，博我以文，约我以礼。这让我很是感动。但我的同学们就不如他那样好客了，时常问我些"你们是不是平时都住在树上？""你们上下学是不是都骑大象？"这类的问题。有的甚至还怪罪老师为什么要收蛮夷作学生。

但每当这时，孔先生都会对他们说："与其进也，不与其退也,唯何甚?人洁己以进,与其洁也,不保其往也。"⑪

那时,我当然是听不懂这句话的,但幸好我有个大师兄叫子路,他从来不歧视我。而是耐心跟我解释,说这句话大概的意思就是:别人要求进步,当然应该鼓励帮助,为什么要盯着他的过去不放呢?

过了很久我才听说,子路刚拜师的时候,比我还要蛮夷得多,头上戴着鸡冠,满口脏话就去见了孔先生。所以他如今见了我,或许是有了见到当年自己的感觉吧。

但就是我这头顶鸡冠的大师兄,二十多年后,当敌人的屠刀砍向他的时候,他所做的,却是庄严地系好断掉的帽带,而不是拔刀反击,只说了一句"君子死而冠不免",便慷慨就义。⑫

我虽不敢与大师兄相比,但我心想,在孔先生的教育下,如今的我与当年的我相比,一定是有了非常大的进步吧。

而证明这点的第一步,或许就是拿这段话作为这部传记的开头了:

任不齐者,字子选,周朝楚人也。周景王二十四年生于郢,十有五而至于学,遂拜孔子为师。

注释:
① 公元前521年。
② 《史记》及《孔子家语》中,都未记载任不齐的生卒年。今人李廷勇所著《孔门七十二贤》(三秦出版社,2000年版)对任不齐的记载为:"任不齐,姓任,名不齐,字选。《孔子家语》作'字子选'。春秋末年楚国人。唐玄宗开元二十七年封'任城伯'。宋真宗大中祥符二年加封'当阳侯'。明嘉靖九年改称先贤任子。"亦未涉及任不齐的生卒年。《贵州社会科学》1992年第8期孙定朝、孙建朝《从〈黎平任氏族谱〉中发现的任不齐生世材料》一文,依据任时夔《黎平任氏族谱》考据了任不齐的生卒年。依孤证不立原则,不予采信。
③ 按照周朝礼制,诸侯分为五等,自高而低依次排为:公、侯、伯、子、男。

④《史记·楚世家》：随人为之周，请尊楚，王室不听，还报楚。三十七年，楚熊通怒曰："吾先鬻熊，文王之师也，早终。成王举我先公，乃以子男田令居楚，蛮夷皆率服，而王不加位，我自尊耳。"乃自立为武王，与随人盟而去。于是始开濮地而有之。

⑤《史记·十二诸侯年表》：楚平王七年（公元前522年），诛伍奢、尚，太子建奔宋，伍胥奔吴。

⑥《史记·楚世家》：庄王即位三年，不出号令，日夜为乐，令国中曰："有敢谏者死无赦！"伍举入谏。……伍举曰："愿有进隐。"曰："有鸟在于阜，三年不蜚不鸣，是何鸟也？"庄王曰："三年不蜚，蜚将冲天；三年不鸣，鸣将惊人。举退矣，吾知之矣。"

⑦ 公元前506年。

⑧ 见《老师的去齐》一章。

⑨《墨子·公输》：公输盘为楚造云梯之械，成，将以攻宋。子墨子闻之，起于齐，行十日十夜而至于郢，见公输盘。

⑩《论语·述而》：子曰："自行束脩以上，吾未尝无诲焉。"

⑪ 出自《论语·述而》。

⑫《史记·仲尼弟子列传》：……子路欲燔台，蒉聩惧，乃下石乞、壶黡攻子路，击断子路之缨。子路曰："君子死而冠不免。"遂结缨而死。

子路的拜师

我的大师兄子路,是鲁国的卞地人,那可是个全鲁国闻名的穷地方,据说全村人一整年都吃不上几顿饱饭,个个饿得脸黄皮瘦——唯独大师兄是个例外,他不但长得格外健壮,还打拳踢腿,无所不会。

大师兄的本名叫作仲由,子路是他的字。正因为他有"大师兄"的头衔,故而我们都必须拿字来尊称他,一口一个"子路大师兄",喊得格外亲切。

介绍完了"子路",该轮到"大师兄"这三个字了。子路这个"师兄",之所以在前面还能另加个"大"字,除去其年龄足够大以外,更是因为他跟随老师的时间最久。

若要具体说明上述观点,那还是得用列数字的方法才讲得清:

首先,从岁数上看,他只比老师小了九岁——如果换一个更直观的比较对象,那他比我大了整整二十一岁。如此,可谓老矣;其次,再说说学数,自二十岁拜师起,子路就一直陪在老师身旁,长达四十多年,可谓久矣。既老又久,自然也就可谓"大师兄"矣。

如果要讲子路拜师的故事,那还真得从头讲起:

子路年轻的时候是个大孝子,虽然家里穷,但他还是经常从百里之外背白米回来给父母吃。只是买米花光了钱,他自己就只能靠挖野菜来填肚子——而光凭野菜都能练就成武林高手,足见大师兄的吸收功能很是不错。

没等子路成年,他的父母就不幸相继去世。三年之丧过后,他不愿继续在老家住着,便南下去了我们楚国闯荡。

当时我们楚国的人才政策很是不错,尤其欢迎中原地区的人才。子路也因此而受到重用,虽然年纪轻,又没读过什么书,但也当上了大官,从车百乘,积粟万钟,累茵而坐,列鼎而食。

当然,子路并不是什么爱财之人,所以高薪的生活只是给他空添了烦恼。当他自己顿顿都吃白米饭的时候,却又开始怀念起了曾经吃野菜、给父母背米的年月。只不过,终归为亲负米,不可复得也。满心遗憾的同时,辞官回国的主意那时便慢慢在他心里酝酿了起来。①

也是我们楚国不争气,不久之后,朝堂上还真闹起了大事。说起来很惭愧,因为这次政变有一个很丢人的起因:用句文言来说,叫作"聚麀";翻成白话,那就是"顺手牵羊"。

几年前,我们的楚平王准备为太子熊建从秦国娶一位夫人,但楚平王在与秦国交接的时候,发现这个姑娘长得特别好看，就放了太子鸽子，跟太子说：你还太年轻，不要着急，夫人下次再给你娶，这次还是老爹我先来。于是就把秦国的公主自己娶回了家。

太子因此怀恨在心，楚平王也更是越想越慌，担心太子会为此借机造个反。终于，有天晚上楚平王担心得实在睡不着觉，决定还是先下手比较妥当。于是马上爬起来派兵去抓太子，但结果还是没逮到太子，只逮到了太子的老师伍奢，也就是伍子胥他老爸。

伍子胥是聪明人，一听到这个消息就慌忙逃去了吴国。但他父亲和他哥哥伍尚却都被楚平王杀了头。太子熊建也被下了红色通缉令，最终被郑国遣返回楚国，一样丢了脑袋。子路是个大孝子，本来就有归国之志，眼看楚国又发生了这般父子相残的丑事，便扭头辞官回了鲁国。

回国之后，子路仍旧没有回老家，而是在首都曲阜寻了个住处，每日也不知该干些什么，饱食终日，无所用心。又正是血气方刚的时候，所以常常到处挑事打架，还回回都能打赢，成了曲阜一霸。对子路功夫水平最好的总结，还是来自老师后来的一句感叹：自从子路跟了我，是再也没有谁敢当面讲我坏话了。[②]

子路在曲阜城里空踢了几个月的武馆，但却从没收到过类似"为民造福"的牌匾，甚至围观看热闹的人里也没几个叫好的，大多都只肯愣愣地看，架一打完就立刻散去。

直到一天城里突然热闹非凡，子路到处打听，才听人说是有一位叫孔仲尼的，之前去大周朝的首都洛邑官派留学，向大学者老子求学礼仪，如今学成归来，国君专设仪仗队迎接，大家也都围着看热闹。

子路居过庙堂之高，也处过江湖之远；尝过珍馐，也啃过野菜。但这回子路竟第一次感到很不平：一个学礼仪的有什么排场好讲，我可是打遍了全曲阜的武馆。国家要是真的有难，不还得靠我这样的勇士么，这待遇应该给我才对。

怒气冲冲的子路第二天精心打扮,决定也去把老师的学馆踢了解气。当时老师正带着其他同学排演礼仪,子路头上顶着鸡冠,腰上挂了一圈野猪牙,手执宝剑就冲进了校园。同学们吓得四散逃开,但老师则镇定自若,缓缓从座席上站起来,向子路作了个揖。③

这一站不要紧,结果老师竟比子路还高出半个头来!④ 加上老师脸上毫无惧色,一脸平静。子路自己心里反倒犯了怵,于是拔剑马虎舞了几招,大声壮胆地问道:"孔先生,我是鲁国卞地来的仲由。听说你是个文化人,那你跟我讲一讲,古时候的君子,防身用的是剑吗?"

老师笑了笑,回答说:"古之君子,忠以为质,仁以为卫。哪怕坐在家里,也能知道千里之外的事情。碰到不善之人就用忠信来感化他们,遇到暴虐之人就用仁义去匡正他们,哪里需要刀剑呢?仁义就够了嘛。"⑤

子路对这句话听得一头雾水，怎么也不明白这个孔先生是如何由刀剑扯到了仁义。即便他满腹怀疑，觉得孔先生有答非所问，左右言他的嫌疑，但可惜他毕竟知识水平有限，又担心在场的人里可能只有他一个没听懂，如果再追问一遍难免要被别人笑说"没文化"，所以只好继续杵在那里没了手脚。

老师看他呆头呆脑，半天不说一句话，便猜到他是没听明白这些大道理，所以降低了话题难度，主动问道："小伙子，你平时有些什么爱好么？"

子路这才摆脱了尴尬："我喜欢耍大长剑。"

老师继续追问："那你喜欢学习吗？"

子路："学习有什么用，不学不学！"

老师："这你可错了，木受绳则直，人受谏则圣；好好学习才能通达事理，要是像你这样瞧不起学习，是很容易犯大错的。君子怎么能不学习呢？"

子路听老师这么婆婆妈妈，底气又增了几分："你说的那是普通人，可是我底子好啊。我听说，南山有竹，不揉自直，把它直接砍下来，都不用削，就能刺穿犀牛皮，这样看来，像我这样天生的高人，还有什么可学的？"

老师一听，也觉得非常可笑，没想到子路的头脑这么简单，只好顺着他，用大白话来解释："那你把这竹子制成竹箭，括而羽之，簇而砺之，前面套上铁箭头，后面配以羽毛翎，不是射得更远，刺穿得更深么？"⑥

子路这才豁然开朗，仔细一琢磨，觉得老师说得还真对。像子路这样头脑简单的粗野人，情绪总是变得极快。所以当即就对老师拜了两拜，要老师收他为徒。

老师看他如此心诚，也很高兴，不但免了他的学费，还安排他坐在教室的第一排，课堂上的问题也都要他先发表看法意见。

不久，子路拜孔子为师的消息就传遍了曲阜城。对于子路的服输,搞武的人说孔子是个武林高手,三招就打倒了子路;搞文的人则说是孔子能言善辩,驳得子路哑口无言。⑦

虽然众说纷纭,莫衷一是,但既然后来大师兄能跟随老师一生,其中的原因一定没有这样简单。如此的"心悦而诚服"⑧,我想应该连大师兄自己都可能讲不明白其中原因吧。

注释:
① 《孔子家语·观思》:子路见于孔子曰:"负重涉远,不择地而休,家贫亲老,不择禄而仕。昔者,由也事二亲之时,常食藜藿之实,为亲负米百里之外。亲殁之后,南游于楚,从车百乘,积粟万钟,累茵而坐,列鼎而食。愿欲食藜藿,为亲负米,不可复得也。枯鱼衔索,几何不蠹?二亲之寿,忽若过隙。"孔子曰:"由也事亲,可谓生事尽力,死事尽思者也。"
② 《史记·仲尼弟子列传》:孔子曰:"自吾得由,恶言不闻于耳。"
③ 《史记·仲尼弟子列传》:子路性鄙,好勇力,志伉直,冠雄

鸡，佩豭豚，陵暴孔子。孔子设礼稍诱子路，子路后儒服委质，因门人请为弟子。

④《史记·孔子世家》：孔子长九尺有六寸，人皆谓之"长人"而异之。

⑤《孔子家语·好生》：子路戎服见于孔子，拔剑而舞之，曰："古之君子，固以剑自卫乎？"孔子曰："古之君子，忠以为质，仁以为卫，不出环堵之室，而知千里之外。有不善，则以忠化之，侵暴，则以仁固之，何持剑乎。"子路曰："由乃今闻此言，请摄齐以受教。"

⑥《孔子家语·子路初见》：子路见孔子，子曰："汝何好乐？"对曰："好长剑。"孔子曰："吾非此之问也，徒谓以子之所能，而加之以学问，岂可及乎？"子路曰："学岂益也哉？"孔子曰："夫人君而无谏臣则失正，士而无教友则失听。御狂马不释策，操弓不反檠。木受绳则直，人受谏则圣，受学重问，孰不顺哉。毁仁恶士，必近于刑。君子不可不学。"子路曰："南山有竹，不揉自直。斩而用之，达于犀革。以此言之，何学之有？"孔子曰："括而羽之，镞而砺之，其入之不亦深乎？"子路再拜曰："敬而受教。"

⑦《庄子·盗跖》：子以甘辞说子路而使从之，使子路去其危冠，解其长剑，而受教于子，天下皆曰孔丘能止暴禁非。

⑧《孟子·公孙丑上》：以德服人者，中心悦而诚服也，如七十子之服孔子也。

老师的去齐

在我拜师不久后的一天,老师带着大师兄子路和小师兄仲弓①,一早就上朝见齐景公去了。我初来乍到,还没有混到能随同老师上朝的资格,所以只好在家里跟着冉有师兄②为这些上朝者们准备午饭。

打小在楚国就一直听远游人讲起齐国的海鱼,他们拍着胸脯称好,说比楚国的湖鱼要灵得多——但却每次连腌鱼干都不曾带回来过,空让我留着念想,又从来没吃着。现在终于亲身到了齐国的地界,我理所当然地去菜场花五刀钱买了条鲷鱼回来,这鱼红通通的配着些蓝斑点,实在是新奇——于是暗自揣摩着一定也能非常好吃。

但没想到的是,我这满心期待,净遭了冉师兄的半天嘀咕,他埋怨说:"反正老师前几天刚听了《韶》乐,这还沉醉得尝不出肉味呢。③花这个钱买鱼吃,吃穷了一家子!"连说好几遍,把我这点儿难得的馋兴致全给扫了。

虽说我很认同《韶》是一首又善又美的曲子,但我也同样怀疑,说不定老师尝过一口鲷鱼之后,也三个月听不出一个旋律来呢!

冉有师兄是鲁国人,同时也是一个非常标准的"好学生":从小他就立志要做鲁国的财政大臣,所以他的一切学习,都是为着这一目标而推进着。才刚十岁,他就考出了琴的九级和瑟的十级,等到十五岁的时候又考出了磬的专业级。有了这些证书作保证,找工作当然是不愁的。连我们老师都说,"冉求啊多才多艺,从政对他来说能有什么问题呢?"④

但他之后也并没有固步自封，而是又找了不少曲阜城里的大典当行做实习，以求有份好简历。然而，即便是"冉求之艺"，也仍是要"文之以礼乐"才能算是个"成人"的。⑤ 所以冉有考察了不少学校，又经过几番比较权衡，最终他选择拜孔子为师，以修礼乐。

入学之后，他更是积极地在学堂里搞起了一个叫作什么"学生会"的东西，把自己选作了正主席，又另选了其他几个同学当副主席。每天高喊着要全心全意为同学们服务，老师看他如此热心，便招他先做了个大管家，学堂的一切开支用度都由他来负责——于是我的买鱼便顺理成章地挨了他一顿骂。

正当我满心牢骚地刮着鱼鳞，冉有满嘴牢骚地淘着白米的时候，子路大师兄退朝回来了。大师兄是个喜怒必形于色的人，所以光凭着远远传来的脚步声，我俩就都猜到他一定是在发脾气。冉有闻之赶忙收了声，不再乱嘀咕；我则侧耳听瞧，看看还有什么别的动静。

果然，不等他踏入厨房，几声"老撮鸟！"就抢先挤着门缝进了屋来。"啪——"的一声门被推开，更多对"老撮鸟！"一词的补充说明也相继涌进了屋："晏婴这个老撮鸟！要不是师父拦着，爷爷我早去把他头顶的白毛给拔光咯！师父和阿雍⑥正在套马车呢，你俩也别愣着，快去收拾行李，我们这就回鲁国去。"

老实说来，对于子路大师兄的这一命令，我是发自内心不情愿的——首先，我的鲷鱼立刻就失去它生命的意义——因为我是肯定吃不到了。从这儿回鲁国，少说也得走上个三天，一路上别说红烧鲷鱼了，连烧饼都得吃凉的——真等到能生火做饭的时候，这鱼也早就臭了，所以只好现在就立马丢掉，免得路上招苍蝇。

另外要说，在我的印象当中，晏老先生是一位和"撮鸟"相差得极远的人物——毕竟我可是从小听着他的传奇故事长大的，在我们楚国，"晏子"这个名字，是爸妈用来哄小朋友好好读书的首选榜样,甚至可以算是最高智慧的象征。

我们楚人是一个喜欢挑战权威的民族,所以评价一个人是否智慧的最高标准,就是能否让我们楚王出丑——而我们的诸位楚王又都好自取其辱,为这一测评创造了绝佳的条件。

从最早的先王熊通被周天子嫌弃开始,随后的楚王们前赴后继,真是楚王之变诈几何哉,止增笑耳:

第一要提的,是大名鼎鼎的楚庄王。他当上了全天下的霸主后,便洋洋得意起来,所以便又去找了一趟周天子,想问问看周朝的大鼎有多重,我们楚国也不妨回来照着样式造,然后取而代之。

结果却是被大周朝的国相王孙满怼了一鼻子灰:"楚子!我们周能做天下的共主,靠的是德行,而不是鼎!就你现在这个品行,造了大鼎也保不住,还不快滚回去!"⑦一番批评,庄王只好臊着脸垂头丧气地回了国。

庄王之后,又轮到了他孙子楚灵王出丑,他曾造了一座高楼,起名"章华台"。但外人都把这栋楼叫作"细腰宫"。因为楚灵王有一个特别的癖好,就是只爱腰细的人,且不论男女。他还专门定下了一个规矩:只有腰宽不超过八片竹简的人,才准进入章华台,无论官职大小,亲疏贵贱,全部一视同仁。

此文一出,楚国的贵族大夫为了争取"进宫"的资格,都开始减肥。一个个饿得满脸菜色,每天上朝全得扶着墙走,没到三个月就饿死了几个。一年之后,整个朝堂上都泛着黑光。⑧ 不过这些都是后话,我们灵王最丢人的时刻之一,还是在章华台的奠基大典上。

由于灵王是弑兄夺来的王位,所以一谈到不忠不孝的问题他就特别敏感。为了给自己正名,他专门费劲从吴国抓来了庆封。庆封本是齐国的大夫,但他却弑了国君齐庄公,流亡去了吴国。

灵王要他在奠基大典上当着众诸侯的面做自我批评,给他安排的台词是"大家都不要学我庆封,杀了国君自己逃到国外去"。结果他又临场即兴发挥,又在后面添了一句"所以还是要跟楚王学,杀了国君之后自己来继位,这才稳妥嘛"。惹得在座诸侯都在一旁偷笑。⑨

举了这些例子,最终还是要回到晏子——因为他是羞辱楚王羞辱得最精彩的:

故事的主角还是我们的楚灵王,章华台的大典上丢了面子,所以他总是心有不甘。后来,晏子要代表齐国来楚国进行国事访问,灵王便打起了坏主意。

晏子,是齐国之矮短人也,他身高不足五尺,而形貌怪异。既然如此,我们"英明"的灵王就专门为他在郢都的城墙上开了一个小洞,要让晏子从小洞里钻进城。但晏子少说也要比灵王聪明十倍,马上作揖拒绝道:"这应该是个狗洞,我如果去的是狗国,那就应该从这里进。所以你们楚国到底是人国还是狗国呢?"迎接的官员一听,也不知该怎么回应,只好老老实实地带着晏子从正城门进了郢都。

晏子上朝见到了灵王,但灵王依旧意犹未尽,又打趣问道:"晏老先生,你们齐国是没人了吗?怎么连你都能当使者到处乱跑了?小短腿的,一路上非常辛苦吧。"

晏子那是见得多啦,大周朝哪个国家他没去过?所以他又恭恭敬敬地作了个揖,抱歉道:"大王这话就不对了。我们齐国的临淄城,百姓张袂成阴,挥汗成雨,哪里会没人呢?只是我们齐国也有个规矩,聪明点儿的人就派去出使好国家,蠢笨点儿的就只能被派去出使次一点的国家。我呢,是全齐国最笨的,所以就只能轮到出使楚国。大王见谅,实在是不好意思。"⑩

幸好楚灵王早有准备,一旦这个问题没有难倒晏子,那么马上可以使出第二招。就在晏子的话音刚落,朝堂下面旋即传来了一阵吵闹声。灵王闻声，马上跳过了回答晏子的这一环节，扭头就朝向了左右大臣："快去看看下面发生了什么。"

话音刚落，一个细腰老臣赶忙按着之前的排练，摸着柱子踮着脚尖蹿下了朝堂。不一会，便同着两个兵丁重新溜了回来。而这两个兵丁又另绑着个犯人，四个人闹闹哄哄地进了大殿。

两个兵丁喊了半天，旁人也只听出来了"啊啊哦哦"，连句整话都没有，犯人更是畏畏缩缩、鼠头鼠脑，连"啊啊哦哦"都不会，空在那里四处愣瞧。幸亏细腰老臣还算靠得住，熟练地背诵道："回禀大王，刚刚的吵闹，全是因为抓到了这个齐国小偷。别看他现在被捆着老老实实的，刚刚他还嚷嚷着要打人呢。让大王受惊，恳请大王恕罪。"

灵王也马上配合地做出气愤状："真是岂有此理！晏老先生我来问问你，你们齐国人难道天生就是做小偷的嘛？"晏子在朝上看着这场拙劣的演出，真是替楚王着急啊："大王，我听说淮河南岸有一种橘子，又大又甜；但要是把它种到淮河的北岸去，就成了枳，又小又苦，又丑又难吃。这不是橘子的问题，而是水土的问题。我们齐国人在齐国不偷东西，跑到楚国就当起了小偷，大王您说这是为什么呢？"

楚灵王这下才真的尴尬起来——因为他没有准备第三手。无论楚王怎么用力盯着细腰老臣，那老家伙也只是呆立在一旁，半句话都没有。后来为了躲避楚王的目光，索性弯下腰作揖去，头也不抬，话也不接。楚王孤立无援了半天，又"额"了几声后，实在黔驴技穷，终于决定选择放弃。向晏子赔笑道："晏老先生不要见怪，是寡人不对，本想消遣消遣你，结果倒是自取其辱了。但晏老先生也不要自谦，您肯定是全齐国最聪明的人了，所以才会派你来我们楚国嘛。"⑪

从那以后，"晏子"这个名号，在楚国就成了官方认定的首个"智慧模范"。楚王倒也是不怕丑,还把"晏子使楚"的故事编进了教科书——从小受着这样的教育,当忽然听到子路大师兄的咒骂,要我在晏子和"老撮鸟"之间画上一个等号的时候,我心中当然是非常不平且愤怒的。

不过,虽然我当时满脑子不服,但看着同样不明所以的冉师兄也只是在一旁乖乖地捞起锅里的米,待沥干水,另找了一个空袋子装好打包,毫不辩驳,便也不敢再多问些什么,怕哪句话讲得不对,反惹得大师兄迁怒于我。只好乖乖地去与其他同学一起收拾行李,装车回了鲁国。

一路上老师的心情似乎也并不太糟,一边驾着车一边唱着歌,唱的都是"不怨天,不尤人,下学而上达,知我者其天乎"⑫。只有子路大师兄脸还拉得老长,所以我们都躲着他走。

趁着子路不注意,冉有师兄偷偷问了老师一个问题:"老师啊,同样是不被国君重用,为什么当时离开鲁国去齐国的时候,您走一站停一站,还跟我们说大家都走得慢一点;现在从齐国回鲁国,怎么就连午饭都不吃就走了呢?"

老师一听,更是起了兴致:"冉求你这个问题问得很好啊!我来跟你讲,当时离开鲁国迟迟而行,是离开父母之国的规矩;现在离开齐国毫无留恋,则是离开他国的道理。我这叫可以速而速,可以久而久。冉求你也要学会这个,无可无不可。"⑬

冉有师兄点了点头,把老师讲的话都记录了下来,去一边研究。我也实在按捺不住好奇心,便拉住了仲弓师兄,让他讲讲那天上朝到底发生了什么。

听师兄一说,我才知道,原来早在那天之前,老师就已经与齐景公见过很多面了,两人曾一度相谈甚欢。景公也非常欣赏老师,许诺要让他做齐国的三把手——景公第一,晏子第二,老师第三。

但事情到那次会面时却来了个大逆转,正当老师拿出刻了一个通宵的大竹简,准备当面给景公做治国计划的展示的时候,景公只一句:"我老了,不能用你了啊。"就草草地让老师退下了。

退朝后,子路怒冲冲地去向宫门口的卫兵打听,听他们说,在我们到来之前,晏老先生刚刚上过朝,好像确实说了些孔子的坏话,但晏子讲了一大段,他们俩也没太听懂。只记得晏子说孔先生"劝下乱上,教臣杀君"的时候,景公的脸色马上就变了。⑭

至于说晏子为什么要污蔑老师"教臣杀君",大家谁都讲不出什么原因来。照理说,他们二人的治国理念压根儿没有任何冲突之处,理论上不该有什么矛盾。所以唯一可能的解释,就只能是晏子或许有点过于记仇了。

要说老师从哪得罪了晏先生,就得从我们的孔老师当年自鲁赴齐的路上讲起了。其实这也是一个尽人皆知的故事——老师那时将进齐国的国境,刚走到泰山脚下,便碰上一位哭诉"苛政猛于虎"的妇人⑮,因此便对齐景公有了非常不好的印象,以为他是个昏君。

进入临淄之后,又听人说景公的大宰相晏子,之前还辅佐过两位齐侯,但一直不获重用,直到景公上台之后,才开始官途顺利。于是老师又以为晏子也一定是个奸相——毕竟昏君要配奸相嘛。所以孔老师到了齐国,一直不肯去拜见晏子⑯,倒去先拜见了晏子的老对头高昭子,这让晏子很不快活。

后来老师在齐国呆久了,逐渐开始发现晏子其实是位大忠臣,常能拦着景公不去犯大错误。至于说景公,平时虽然智商上是差了点,爱做点傻事,但人还是不坏的,且对晏子百依百顺,也谈不上是个昏君。

老师为此便对自己当初的臆断十分后悔,赶忙对晏子赔了不是,还敬称他为自己的老师。⑰但晏老先生似乎并不领情,对老师一直只是表面上的客气,丝毫不愿深交。老师登门拜访，即便是饭点也不会给顿饭吃，最终亦是撙掇着齐景公客客气气请走了老师。或许聪明人总会有些锱铢必较的小心眼吧。

回国之后，老师又重新做起了学问。他年轻的时候曾许下个愿望，愿自己五十岁的时候能有机会专心研究《周易》。[18] 现在年岁到了，时间也有空闲[19]，正好可以实践这一计划。

但其实老师也没空多少日子。回鲁国之后没几天，他的那捆《周易》就因为天天翻阅给磨断了牛皮绳。[20] 趁着补书匠帮他重新串书的时间，他常去学堂老宅转转。由于老师在齐国呆了两三年，这里无人看管。隔着墙朝里面粗粗地瞧，即便谈不上破败，但也是杂草丛生、荒芜落寞。

每次去老师都盯着愣半晌的神，仿佛欲言又止。我猜他可能是在惋惜齐国蹉跎的这段岁月吧，抱负不得实现，还冷落了他最爱的学堂。如是几遭，终于一天，老师开了口,他打发子路带着我们几个新同学打扫干净了学堂的旧屋,又除了院子中的荒草;另派冉有师兄添置了些新家具、新礼器。

经过了半个月的打点,老师的学堂,就这样再续了弦歌。

注释:

① 仲弓,姓冉,名雍,字仲弓,少孔子二十九岁。

② 冉有,姓冉,名求,字子有,少孔子二十九岁。

③《论语·述而》:子在齐闻《韶》,三月不知肉味,曰:"不图为乐之至于斯也!"

④《论语·雍也》:季康子问:"仲由可使从政也与?"子曰:"由也果,于从政乎何有!"曰:"赐也可使从政也与?"曰:"赐也达,于从政乎何有!"曰:"求也可使从政也与?"曰:"求也艺,于从政乎何有!"

⑤《论语·宪问》:子路问成人。子曰:"若臧武仲之知,公绰之不欲,卞庄子之勇,冉求之艺,文之以礼乐,亦可以为成人矣!"曰:"今之成人者何必然?见利思义,见危授命,久要不忘平生之言,亦可以为成人矣!"

⑥ 即仲弓。
⑦《左传·宣公三年》：楚子伐陆浑之戎，遂至于雒，观兵于周疆。定王使王孙满劳楚子。楚子问鼎之大小轻重焉。对曰："在德不在鼎。昔夏之方有德也，远方图物，贡金九牧，铸鼎象物，百物而为之备，使民知神奸。故民入川泽山林，不逢不若，螭魅罔两，莫能逢之。用能协于上下，以承天休。桀有昏德，鼎迁于商，载祀六百。商纣暴虐，鼎迁于周。德之休明，虽小，重也；其奸回昏乱，虽大，轻也。天祚明德，有所厎止。成王定鼎于郏鄏，卜世三十，卜年七百，天所命也。周德虽衰，天命未改，鼎之轻重，未可问也！"
⑧《墨子·兼爱中》：昔者，楚灵王好士细要，故灵王之臣，皆以一饭为节，胁息然后带，扶墙然后起。比期年，朝有黧黑之色。
⑨《史记·楚世家》：七月，楚以诸侯兵伐吴，围朱方。八月，克之，囚庆封，灭其族。以封徇，曰："无效齐庆封弑其君而弱其孤，以盟诸大夫！"封反曰："莫如楚共王庶子围弑其君兄之子员而代之立！"于是灵王使疾杀之。
⑩《晏子春秋·内篇杂下》：晏子使楚，楚人以晏子短，为小门于大门之侧而延晏子。晏子不入，曰："使狗国者，从狗门入，今臣使楚，不当从此门入。"傧者更道，从大门入。见楚王，王曰："齐无人耶？使子为使？"晏子对曰："齐之临淄三百闾，张袂成阴，挥汗成雨，比肩继踵而在，何为无人？"王曰："然

则何为使子?"晏子对曰:"齐命使各有所主,其贤者使使贤主;不肖者使使不肖主。婴最不肖,故宜使楚矣。"

⑪《晏子春秋·内篇杂下》:晏子将使楚,楚王闻之,谓左右曰:"晏婴,齐之习辞者也。今方来,吾欲辱之,何以也?"左右对曰:"为其来也,臣请缚一人,过王而行,王曰:'何为者也?'对曰:'齐人也。'王曰:'何坐?'曰:'坐盗。'"晏子至,楚王赐晏子酒,酒酣,吏二缚一人诣王。王曰:"缚者何为者也?"对曰:"齐人也,坐盗。"王视晏子曰:"齐人固善盗乎?"晏子避席对曰:"婴闻之,橘生淮南,则为橘;生于淮北,则为枳,叶徒相似,其实味不同,所以然者何?水土异也。今民生长于齐不盗,入楚则盗,得无楚之水土使民善盗耶?"王笑曰:"圣人非所与熙也,寡人反取病焉。"

⑫ 出自《论语·宪问》。

⑬《孟子·万章下》:孔子之去齐,接淅而行。去鲁,曰:"迟迟吾行也。去父母国之道也。可以速而速,可以久而久,可以处而处,可以仕而仕,孔子也。"

⑭《墨子·非儒下》:齐景公问晏子曰:"孔子为人何如?"晏子不对。公又复问,不对。景公曰:"以孔某语寡人者众矣,俱以贤人也。今寡人问之,而子不对,何也?"晏子对曰:"婴不肖,不足以知贤人。虽然,婴闻所谓贤人者,入人之国,必务合其君臣之亲,而弭其上下之怨。孔某之荆,知白公之谋,而奉之以石乞,君身几灭,而白公僇。婴闻贤人得上不虚,得下

不危,言听于君必利人,教行下必于上,是以言明而易知也,行明而易从也。行义可明乎民,谋虑可通乎君臣。今孔某深虑同谋以奉贼,劳思尽知以行邪,劝下乱上,教臣杀君,非贤人之行也。入人之国,而与人之贼,非义之类也。知人不忠,趣之为乱,非仁义也。逃人而后谋,避人而后言,行义不可明于民,谋虑不可通于君臣,婴不知孔某之有异于白公也,是以不对。"景公曰:"呜乎!贶寡人者众矣,非夫子,则吾终身不知孔某之与白公同也。"

⑮《礼记·檀弓下》:孔子过泰山侧,有妇人哭于墓者而哀。夫子式而听之,使子路问之曰:"子之哭也,壹似重有忧者。"而曰:"然。昔者吾舅死于虎,吾夫又死焉,今吾子又死焉。"夫子曰:"何为不去也?"曰:"无苛政。"夫子曰:"小子识之,苛政猛于虎也。"

⑯《晏子春秋·外篇下》:仲尼游齐,见景公。景公曰:"先生奚不见寡人宰乎?"仲尼对曰:"臣闻晏子事三君而得顺焉,是有三心,所以不见也。"

⑰《晏子春秋·外篇下》:仲尼之齐,见景公而不见晏子。子贡曰:"见君不见其从政者,可乎?"仲尼曰:"吾闻晏子事三君而顺焉,吾疑其为人。"晏子闻之曰:"婴则齐之世民也,不维其行,不识其过,不能自立也。婴闻之,有幸见爱,无幸见恶,诽誉为类,声响相应,见行而从之者也。婴闻之,以一心事三君者所以顺焉,以三心事一君者,不顺焉。今未见婴之

行，而非其顺也。婴闻之，君子独立不惭于影，独寝不惭于魂。孔子拔树削迹，不自以为辱；身穷陈、蔡，不自以为约。非人不得其故，是犹泽人之非斤斧，山人之非网罟也。出之其口，不知其困也。始吾望儒而贵之，今吾望儒而疑之。"仲尼闻之曰："语有之：'言发于尔，不可止于远也；行存于身，不可掩于众也。'吾窃议晏子，而不中夫人之过，吾罪几矣。丘闻君子过人以为友，不及人以为师。今丘失言于夫子，夫子讥之，是吾师也。"因宰我而谢焉，然仲尼见之。

⑱《论语·述而》：子曰："加我数年，五十以学《易》，可以无大过矣。"

⑲ 据任不齐的记载，孔子此次自齐归鲁应在五十岁左右。据白川静《孔子传》，孔子曾在三十五岁左右首次赴齐，后又在五十岁之前第二次赴齐。任不齐此处所记应是后者。

⑳《史记·孔子世家》：孔子晚而喜《易》，序《彖》《系》《象》《说卦》《文言》。读《易》，韦编三绝。曰："假我数年，若是，我于《易》则彬彬矣。"

老师的学堂

头一回来鲁国,我的内心满是新鲜。毕竟早就听闻这里是全天下最懂"礼"的国家。他们的建国之君,便是当年制礼作乐的周公旦——而这个周公旦,同时也是老师心目中的最大偶像,据说他经常托梦给老师,以传授些上古之道。但似乎每次在梦中,他老先生的一身装扮都算不得体面,头发总湿漉漉的不提,连嘴巴里也偶有几次尚嚼着一大口饭的。① 看来天堂人的肚子也同凡人一样:总是要饿的。

话题转回我的赴鲁。很不幸,我实在是生不逢时。听人说曾经吴国的季札来曲阜的时候,还是有不少

"盛德美哉"的东西足以欣赏的。② 但如今，或许是因为我们刚刚进入了铁器时代，大家都只关心实用和效率。人心不古、世风日下，连礼乐都要崩坏。所以即便是我东瞧西望，仔细品味，也还是没发觉如今的鲁国百姓，比起我们这些楚国蛮子来，到底有什么"盛德"之处。

但我转念一想，上文的这一论断或许有些草率，毕竟鲁国还是有着两大"美哉"的过人发明：一是当地的大红萝卜，二是胡同口大妈的煎饼卷大葱。

首先说大红萝卜，这种萝卜洗净后直接用刀片成长条，蘸着醋当水果吃，酸辣之中，带着一丝细品便有、粗嚼则无的甜，尤其美味。

第二说煎饼卷大葱，其实更不必多提。同齐国的海鱼一样，我也早在小时候就听远游者提起过，唯亲自品尝时，才发现里面竟会另夹着一学名为"寒具"③，俗名为"馓子"的细长脆食，更添滋味。

当然，得亏这两样东西在鲁国都卖得极贱，数最便宜的吃食，不然冉师兄一定又是对我半天的啰嗦。

不过，必须指出的是，鲁国人在饮食上也有一巨大的失败——这里的红烧肉竟然是纯咸的，没有一点甜味，让人实在无法下咽。但奇怪的是，老师却很喜欢吃。常让冉有破费买来上等的五花腩，做的时候切得方方正正，又大又油。每顿饭都必吃红彤彤的五大块，不多一块，也不少一块。如果有多，便会舍给邻居中的穷苦人④，绝不留到下顿再吃。老师说，这叫养"食气"。⑤

讲完吃的，回归正题。老师住在曲阜城的西南边，子路租在曲阜城的东南边，贵族世家们则都住在曲阜城的正北边。幸好曲阜城的格局不算太大，比郓都要小得多。所以我挨着子路大师兄住的胡同另租了两间空房，散着步去学堂，也顶多不过半炷香的时间。

老师的学堂后来有个非常好听的名字，叫作"杏坛"⑥，但其实校舍在历史上并没有种过杏树，我去的时候，里面只有两棵桃树和一株枣树——桃子我不是很爱吃，只是花开得很艳，但枣子的味道却很不错。

在"杏坛"读书，按规矩都是必须先从"小六艺"开始学起，也就是礼、乐、射、御、书、数；大多数人在习完"小六艺"之后便会毕业离校去找工作谋生，但也有不少仍觉不足，或老师以为值得培养的同学，在这之后会继续留校深造"大六艺"，也就是学习六大本经典：《诗》《书》《礼》《易》《乐》《春秋》。

我不是个生而知之者，所以自然也是得从"小六艺"开始学起⑦。这六门课中，我学得最好的是"数"（数学），学得最差的是"乐"（音乐）：每次数学考试我都能考班上的第一，但老师教的这些《韶乐》《武曰》，我实在是听不出其中的美和善来⑧——平时最爱偷偷听的，还是老师所鄙夷的流行郑声。⑨

另外的四门课中，有两门我没太大兴趣却轻易过了考试，即"礼"和"书"；但最后两门"御"（驾车）和"射"（射箭），我却是兴致勃勃反屡考不过。究其原因，这还是一个"熟能生巧"的问题。

前面的两门虽看似枯燥，但只要理清了道理，分得清吉礼和凶礼、辨得明指事和会意，都不会犯什么大错。但后两门课若没有长时间的苦练，那一定是过不了测试的。

举例而言，驾车一科，有一考试项目谓"逐水车"。即沿着弯曲的河岸急速行驶，要求紧贴河岸之曲线边缘车轮还不可沾水。光这一科我就重修了三个学期才勉强合格。

至于射箭的考核标准，就更加严格，如一项"参连"，也就是先射一箭，随后迅速连射三箭，箭箭相连，成一直线，最终命中同一点。这科我到现在都还没考过。

不过这也不甚要紧，毕竟这些都只是"术"而已，用老师的话说，学完"小六艺"，也不过只是成了一个"小人儒"而已。真的要成才，那还是要以"君子儒"的求"道"为目标才行。⑩所以学习之余，我也常旁听一下众师兄与老师谈论"大六艺"的对话。

不过最初，我对于这些"仁之本"啊、"礼之本"啊的大道理都听不大懂，所以相比师兄们的提问，我还是更偏爱外人来找老师解惑的对话，因为他们总能有些奇奇怪怪的问题。

比如：鲁国的财政大臣季孙斯，有一次他家在圈地扩建。要扩建，自然就得先挖井——只不过，掘地三尺，季孙斯他不但没挖到水，倒是挖出了一口大缸，雇人抬出来一瞧，里面蹿出了一只小羊。无奈它动作太灵活，所以谁也没能逮着以做研究。最后只能麻烦季孙斯自己来跑一趟向老师讨教。

又比如，另有一个吴国人，他在越国竟挖出了一块和马车一样大的骨头……诸如此类的天方夜谭，常能引起我的惊叹。但更加神奇的是，对这些奇事，老师却都能一一解答，不禁连来客都惊呼："善哉圣人！"⑪

天长日久，我也慢慢有了好奇，老师的这些知识，都是跟谁学来的呢？

注释：

① 《史记·鲁周公世家》：周公戒伯禽曰："我文王之子，武王之弟，成王之叔父，我于天下亦不贱矣。然我一沐三捉发，一饭三吐哺，起以待士，犹恐失天下之贤人。子之鲁，慎无以国骄人。"

② 《史记·吴太伯世家》：四年，吴使季札聘于鲁，请观周乐。为歌《周南》《召南》。曰："美哉，始基之矣，犹未也，然勤而不怨。"歌《邶》《鄘》《卫》。曰："美哉，渊乎，忧而不困者也。吾闻卫康叔、武公之德如是，是其《卫风》乎？"歌《王》。曰："美哉，思而不惧，其周之东乎？"歌《郑》。曰："其细已甚，民不堪也，是其先亡乎？"歌《齐》。曰："美哉，泱泱乎大风也哉。表东海者，其太公乎？国未可量也。"歌《豳》。曰："美哉，荡荡乎，乐而不淫，其周公之东乎？"歌《秦》。曰："此之谓夏声。夫能夏则大，大之至也，其周之旧乎？"

歌《魏》。曰："美哉，沨沨乎，大而婉，俭而易行，以德辅此，则盟主也。"歌《唐》。曰："思深哉，其有陶唐氏之遗风乎？不然，何忧之远也？非令德之后，谁能若是！"歌《陈》。曰："国无主，其能久乎？"自《郐》以下，无讥焉。歌《小雅》。曰："美哉，思而不贰，怨而不言，其周德之衰乎？犹有先王之遗民也。"歌《大雅》。曰："广哉，熙熙乎，曲而有直体，其文王之德乎？"歌《颂》。曰："至矣哉，直而不倨，曲而不诎，近而不逼，远而不携，迁而不淫，复而不厌，哀而不愁，乐而不荒，用而不匮，广而不宣，施而不费，取而不贪，处而不厎，行而不流。五声和，八风平，节有度，守有序，盛德之所同也。"见舞《象箾》《南籥》者，曰："美哉，犹有憾。"见舞《大武》，曰："美哉，周之盛也其若此乎？"见舞《韶护》者，曰："圣人之弘也，犹有惭德，圣人之难也！"见舞《大夏》，曰："美哉，勤而不德！非禹其谁能及之？"见舞《招箾》，曰："德至矣哉，大矣，如天之无不焘也，如地之无不载也，虽甚盛德，无以加矣。观止矣，若有他乐，吾不敢观。"

③ 据说晋文公为纪念介子推而设寒食节，馓子即为当日的食物，故名"寒具"。

④ 把吃剩的佳肴分给他人是古时的一个习俗，毕竟当时的饮食习惯也是较为卫生的分餐制。同样的故事可见于《孟子·离娄上》："曾子养曾皙，必有酒肉；将彻，必请所与；问有余，必曰'有'。"意为：曾子奉养他父亲曾皙的时候，每一顿饭都必

有酒肉。饭后必定请示父亲所剩的饭菜要分给谁。父亲问他还有没有剩的酒肉，一定回答说"有"。

⑤《论语·乡党》：食不厌精，脍不厌细……割不正，不食。不得其酱，不食。肉虽多，不使胜食气。

⑥《庄子·渔父》：孔子游乎缁帷之林，休坐乎杏坛之上。弟子读书，孔子弦歌鼓琴，奏曲未半。

⑦ 小六艺中，礼分五礼（吉礼、凶礼、宾礼、军礼、嘉礼）；乐分六乐（《云门》《大咸》《大韶》《大夏》《大濩》《大武》）；射分五射（白矢、参连、剡注、襄尺、井仪）；御有五御（鸣和鸾、逐水曲、过君表、舞交衢、逐禽左），书有六书（象形、指事、会意、形声、转注、假借）、数有九数（方田、粟米、差分、少广、商功、均输、方程、赢不足、旁要）。

⑧《论语·八佾》：子谓《韶》："尽美矣，又尽善也。"谓《武》："尽美矣，未尽善也。"

⑨《论语·卫灵公》：颜渊问为邦。子曰："行夏之时，乘殷之辂，服周之冕，乐则《韶》《舞》。放郑声，远佞人。郑声淫，佞人殆。"

⑩《论语·雍也》：子谓子夏曰："女为君子儒，无为小人儒。"

⑪《史记·孔子世家》：季桓子穿井得土缶，中若羊，问仲尼云"得狗"。仲尼曰："以丘所闻，羊也。丘闻之，木石之怪夔、罔阆，水之怪龙、罔象，土之怪坟羊。"

吴伐越，堕会稽，得骨节专车。吴使使问仲尼："骨何者最大?"仲尼曰:"禹致群神于会稽山,防风氏后至,禹杀而戮之,其节专车,此为大矣。"吴客曰:"谁为神?"仲尼曰:"山川之神足以纲纪天下,其守为神,社稷为公侯,皆属于王者。"客曰:"防风何守?"仲尼曰:"汪罔氏之君守封、禺之山,为釐姓。在虞、夏、商为汪罔,于周为长翟,今谓之大人。"客曰:"人长几何?"仲尼曰:"僬侥氏三尺,短之至也。长者不过十之,数之极也。"于是吴客曰:"善哉圣人!"

老师的老师

跟着老师学习了有段时日,吉礼凶礼我差不多都能分辨,箭也基本都能射在皮靶上,开车也大致懂得什么时候该"驾",什么时候该"吁"了。眼看着就将进于礼乐而告别"野人"的身份,我自然很是得意。

老师看我学得蛮快,也特别奖许我能够登堂入室,以旁听他与其他师兄之间的对谈——当然我还只能居于后排,没有在前排插话的份。即便如此,能有这样的待遇,我已然备受鼓舞,受宠若惊。毕竟老师也曾教导说:"若想一起入室论道,那就必须先从旁听前辈们的聊天开始学起。"① 为此,我也并不太心急。

然而,我在老师的讲堂之上最先参与的讨论,却是针对一则令人怅然若失的新闻。

这条消息最早是老师的齐国徒弟——步叔乘带来的。

对于步师兄本人,我现在是什么都回忆不起来了,他的年龄长相都已非常模糊。脑袋里唯独记得的,就只有他担任信使这么一件事了——当时,步师兄本是准备回乡走走亲戚,结果半路上急忙掉头赶回来,还没进校门就边跑边喊:"出大事了!晏婴老先生前段时间病重去世了!"②

老师听他在学堂上乱喊乱叫,立刻厉声叫住步师兄,高声教训道:"道听途说的小人!是德性上的垃圾!你快给我闭嘴!"③这还是我头一回撞见老师发脾气。

步师兄听了教训,赶忙躲了下去。但我的关切之心却并未因此止息。毕竟晏老先生是我幼年时期的偶像。

他的离世于我而言，即使不至于如丧考妣，但也还是觉得心里空落落的，令人非常想慨叹一番——只可惜我当时还没有学会些什么文采。所以既不能兴观群怨，又无法撰半句悼文，便只好在堂后截毫不高雅地胡乱"咄！咄！咄！"。得亏声响不大，不然老师听到了，不知更要发出什么火来。

几天之后，来自齐国的官方讣告终于不负众望地如期而至。从中我们得知，晏子去世后得谥号为"平"，取无常无偏、治道如砥、分不求多、推心行恕之意。

老师这次才终于相信，摇头对我们惋惜道："晏老先生称得上这个谥号啊，他救民之姓而不夸，行补三君而不有，这样的人，是个真君子。④可惜啊！这世上又一位贤人枯萎了啊……"

言毕，老师看子路大师兄的脸上似乎有些不平之色，马上又补充了一句："晏老先生平时对我们是有些冷冷默默，但其实他很善于与人交往，跟他相处久了的人都十分敬重他的为人。⑤况且是我自己最开始误会了他,又凭什么要强求他来了解我呢?⑥仲由啊,你也是跟他相处的时间太短,还不足以了解他呢。"

子路并没有反驳老师,但从他的面色上看得出,他对老师的这一番劝解并不信服。

据齐国的使节说:晏子去世时,齐景公正在城外郊游,噩耗传来,景公立即给车换上最好的繁骃马,飞驰回朝。跑到半路,景公仍嫌车慢,所以任性地跳下车,径自照前跑。但跑没几步,他便旋即发现自己跑得还是不如马快,只好又叫停了马车,重新上车继续前行。

终于赶到了晏子家,景公不顾礼节,扑上去就抱着晏子的尸体号啕大哭:"上天降祸到齐国啊,只是百姓有难,死的不是我,而是先生啊。以后齐国的社稷危险了,百姓的意见再也无处诉说了!"⑦

不得不承认,齐景公对他的这句话还真的是说到做到。自从晏子去世之后，他便再也不听任何人的劝诫，夸奖他的可得升迁，劝诫他的则要受罚。于是上至卿大夫，下至普通百姓，无人再敢不说景公的好话，以至于最后歌颂景公的标语也印在一根根大木桩上杵满了临淄城。

直到十年以后，待景公自己也年事已高。一天他与群臣饮酒射箭，即使自己就没几箭射在靶上，满堂百官也照样纷纷夸赞，景公起初有些自得，但却忽然又失落起来。

或许是人之将死，其言也善。他召来了老臣弦章，对他问道："弦章啊，你还记得晏子活着的时候么？我现在是已经记不清了……自从他死了以后，朝堂上下可就再也听不到批评我的话了，文武百官全都赞我英明神武。可我知道，他们都是在骗我！只是在哄我开心。但你说，他们在夸我的时候，内心里难道不明白，我其实知道他们是在骗我么？"

弦章回答:"他们明白。大家都明白。"⑧

景公听罢,沉默许久不语。不久,自己便也薨了。⑨只是辛苦了临淄城满街的大木桩,一根根又全给拔了出来,一起做了他的陪葬——空留了满地的疮痍,虽然不久便被填平了,仿佛这里本就是空无一物一般。

我们的老师听闻了这事,给齐景公留了一句评语:齐景公有马千驷,死之日,民无德而称焉。⑩

"民无德而称焉!"——这或许是对他当政的最后十年所做的最好总结吧。

当然,这些都是后话了。

晏子去世的消息很快传遍了鲁国。但令我们倍感疑惑的是,竟有不少人专程来向我们的老师致以慰问。老师对此也是不明所以,一打听才知道,原来他们一直都误以为晏子是孔子幼年时候的老师。⑪

老师看众人如此关切,便对此也不否认,只是随和地与众人答礼问候。当然,其实这一误解也很合理。

毕竟晏子比老师年长好几轮,且学识渊博,更加上老师自己也曾说过:"晏老先生的学问,高得能算得上是我的师父啦!"⑫

但如果来仔细考究一番,就会发现这事实在是不太可能。一是晏子的学校远在齐国,且只招收贵族子弟;而老师幼年时却穷苦低贱,想必连入学的资格都没有。其二,假若老师的确是晏子的学生的话,他又怎会在朝堂上处处与老师过不去呢。

言及至此,我或许发现了晏子不喜欢老师的真正原因——想必这是一个世袭贵族对下等平民骤升高位的鄙夷与反感吧。

既然晏子不是老师的师父,那老师的本领又是从哪学来的呢?对此,有个鲁国的大官人还专门问过我们的子贡师弟:"子贡啊,你们的老师想必是一个大圣人吧,能懂得这么多知识,又会这么多手艺,但这些都是谁教给他的呢?"

虽说子贡是老师最喜欢的学生,但他对此也答不上来,只好敷衍道:"这都是上天教给我们老师的……唔,是上天让他成圣人,又让他多才多艺的……"

大官人听完,心满意足地回去了,仿佛解了心头的大惑。但老师对这个回答却很不高兴,他叫来了子贡,教育他道:"端木赐啊,你可不要胡诌骗人。我小本领会得多还不是因为我小时候穷得没办法,才只好学了这些技艺谋生。君子贵族们才不需要学这些呢。"⑬

从这句话看,老师幼年应该是没拜过什么正经师父。估计是打铁赚钱便找铁匠为师,洗衣赚钱便寻浣妇学艺。不过,虽说学跨百行,但老师却都并不深究,只求掌握而已——因为他有着一个更高坚持,要把自己所有的心思都花在另一门学问上,这就是"礼"。

"礼"是老师一生的爱好,自幼年起他就常与别的小朋友一起摆礼器玩。⑭不久,就玩成了全国闻名的"懂礼貌的好孩子"。⑮到老师二十岁成年生子的时候,连鲁国国君都送来一条大鲤鱼表示尊重。⑯

因此,连高居鲁国内政大臣的孟僖子都要把儿子送到老师这里学"礼"。虽然他自己倒是个毫不明礼的人:

如果大家还记得前文我们讲过楚灵王造"细腰宫"的事迹,那么,当年鲁国的国君鲁昭公,也在受邀参加"细腰宫"奠基典礼的名单之列。

但无奈鲁昭公自己天天浑浑噩噩,不知学好,所以根本不懂什么外交礼节。为了救场,他便硬拉着孟僖子一起去,想让他来帮自己应付场合。但可惜鲁昭公却疏漏了一点——就是孟僖子其实也是个不懂"礼"的人。

所以两个瞎子互以为对方是明眼人,一路先摸撞到了郑国的首都,郑国国君以国礼待之,问候寒暄。但这两位呢,鲁昭公等着孟僖子来回礼,孟僖子等着鲁昭公先讲话。结果只能让郑国国君在一旁看笑话。

有了这么一次经验,两个"瞎子"合计出了一个好计策——之后的一整路上,可别再路过任何国家的首都了!这样便遇不到别国国君,也就用不着使外交礼节了。

毕竟相比较学礼,绕点路算得了什么!说不定乡下还有更好的风景呢,实在是天才的主意!

他俩一拍即合,当即拿出地图。研究了一整个通宵,在添换了三次灯油、熏红了四只眼睛之后,两人终于规划出了一条完美的路线。沿着它,这两位弯弯曲曲地就来到了楚国的郢都——他们竟忘记了最终的目的地也是个首都!还是要用到礼的。

就这样,郑国的笑话又在楚国上演了一遍,唯一的不同,是当堂又多了其他十几位诸侯来作见证。大家纷纷表示:嘿!真是世殊事异,号称礼仪之邦的国君重臣还不如南蛮鴃舌们懂礼仪了!实在是可笑可笑!可悲可悲!⑰

这趟丢人之行圆满结束之后，孟僖子很是自省，在举国上下寻找懂得礼仪的大家，以求学习上进。而鲁昭公却照旧傻乎乎地不务正业，每日只管吃喝玩乐——所以也无感乎昭公到最后会被三桓[18]一起赶到国外流亡去了。[19]

就这样，孟僖子最后发现了刚刚开始办学的老师。只是孟僖子当时已病入膏肓，自己是不可能再跟随老师学习。但他还是在临终前嘱咐他的两个儿子："在我死后，你俩都要拜孔子为师好好学礼，不要再丢你爹丢过的人啦。"[20]

在他的两个儿子当中，大儿子孟懿子一直不太听话。所以他只在他爹死后象征性地求教了一下老师："孔先生，您来讲讲什么是'孝'吧?"老师早听闻他这小子不太乖，便跟他说："老老实实听你老子的话就是'孝'！"[21]

但这话在孟懿子那里却有了另一种解释：我爹让我

拜你为师，你让我听我老子的话，那不就是要让我当场给你掏学费么?！江湖骗子，不可信不可信。于是转身便走，整个后半辈子都对老师有了戒心。㉒

但孟僖子的小儿子南宫敬叔，却对老师充满着崇拜。求学之外，还主动替老师向鲁昭公申请来了一驾马车、两匹骏马、一个保镖，以圆老师去宗周，向大周朝图书馆馆长——老子学礼问道的心愿。㉓

话说这个老子，倒还是我们楚国人㉔，生在苦县——至于这个县为什么名"苦"那我是讲不清楚。更加令我讲不清楚的，是老先生的身世——且先不说一个南蛮是如何克服地域歧视当上国家图书馆馆长的，单他的出身就很扑朔迷离。

这个老子，姓李，名耳，据说这个命名是因为他耳朵很大的原因，为此他也得了个相称的字，叫"聃"——也就是大耳朵的意思。但至于说为什么他不叫李子，却被尊称为"老子"，有人说这是因为他刚生下来就是个六十岁的老头,生下来的时候也不哭也不闹,只有满脑袋的白发,和满脑袋的智慧。

究竟这一操作在技术上是如何实现的,我是没有研究过。不过,我猜想老子他妈妈一定是个非常伟大的女人。光怀六十年的大肚子,就已经是一件极不容易的成就。更何况最后还要把它生出来,而里面装的又是一个大老头呢!

老师到了宗周之后,首先便迫不及待地去参观周王室的明堂。所谓明堂,也就是王者之堂,是天子行政祭祀的地方。㉕

周天子的明堂,共有四扇大门,每扇大门的墙上,分别画着尧舜之容、桀纣之像。前者为善之榜样,后者为恶之警诫。老师一幅幅地仔细观瞧,想从画中研究出天下兴衰的道理来。㉖

然而老师的好学却并没有引起老子的好感,在老子看来,似乎人生来就是不该好学的。所谓"说者流于辩，听者乱于辞"㉗——好学之人一定都是有着其他企图的，而为了求学竟横跨了大半个中国，那必更是大伪大奸之人。

所以，老师在宗周待的半年期间，老子也没跟老师讲过几句话。

倒是周王朝的大音乐家苌弘，非常喜欢老师。说来也怪，苌弘先生竟也是个南蛮，他是蜀国人，那里比楚国还要荒蛮得多，但苌先生的学问却做得极好。除了精通音律之外，他还非常会看星星，吉星凶星、天文历法他都能算得清清楚楚。如此神人，死后的事迹也更加奇妙，传说他的血竟化结为碧玉，晶莹剔透。㉘但可惜的是我没有机会亲眼得见。

不再扯远，本领高强的苌先生，在这大半年里与老师聊了不少音乐心得——但前文中说过，我所有的学科里学得最差的就是"乐"，因此他们二人的对话我是一点都没搞明白，唯独记住的，只有老师跟苌先生讲的一个故事：

老师来宗周之前，曾跟师襄子学过一首曲子。

起初，这首曲子老师先自己练了一周，再弹给师襄子听了听，师襄子很满意地说道："弹得很不错了，我们可以学下一首了。"

但老师却尤为不满："不行，我还没有摸索出弹奏它的技巧。"

又过了一周，师襄子催促道："现在摸索出它的演奏技巧了吧？我们来学下一首。"

老师却再次拒绝道："现在虽然掌握了它的技巧，但我还没有感受出这首曲子的情怀。"

这里用句文言文，又过了"有间"之后，师襄子有点着急了："现在你已经感受到它的情怀了，我们来学下一首。"

但老师依旧很执着："嗯，我的确已经领悟了它的情怀，但我还没摸透它的作者是个怎样的人。"

到最后师襄子实在没有了耐心："我说孔先生，您还学不学下一首曲子了？！"

这时候老师终于回答道："可以了！我知道这首曲子的作者是谁了！他就是周文王，我最近弹这首曲子的时候，总能在眼前看到一个长得又黑又高的人影，他才高志广，心怀天下。这个人不是文王还能是谁呢！"

这下师襄子马上收起了刚刚的不耐烦，赶忙起身向老师作揖道："孔先生才是真正的大音乐家！我教给你的这首曲子就是周文王谱曲的《文王操》啊！"㉙

很快，半年就过去了，在与苌弘问乐之外，老师还跑遍了宗周的所有郊社之所，以学习明堂之则、庙朝之度。但南宫敬叔赞助老师的生活费很快就要花光，眼看这次留学即将结束。老师还是有些心有不甘，所以在临走前又拜访了一次老子。

老子虽不情愿，但还是接待了老师。只是不等老师行礼,就直接问道:"孔先生,我知道你不远万里来找我,肯定不是单单为了学礼的——真要说'礼',那你可比我还懂得多呢。你是想来找我学习这世间的大道吧?"

老师回答:"是的,恳请先生教我。"

老子微微一笑:

"可是大道真的是能教得出、能学来的吗?如果道能献给别人,谁不献给自己的君主呢?如果道能进奉给别人,谁不进奉给自己的父母呢?如果道能传告给别人,谁不传告给自己的朋友呢?如果道能留给后人,谁又不留给自己的子孙呢?

"但你看这世上,到头来还不是只有我一个人明白这大道吗?这岂是我不愿教造成的呢?你现在所学的这些,说是说叫作'先王之迹'。但你要明白,它们永远就只是一个车轮轧过的'印迹'罢了,至于这车轮本来的样式,可就是你学不到,我也教不了的!"

看老师依旧满脸期待，仍无放弃之意，老子继续说道：

"喜欢钱的人，不可能让他放弃财富；喜欢显摆的人，不可能让他不出风头；追求权力的人，更不可能逼他交出权柄。孔先生啊，也是上天惩罚你，让你喜欢大道而无法放弃学习。我理解你现在的执着，但你最终能否如愿，可就得看你的天门能不能开得了咯……"㉚

如此两番的冷落，老师却还不死心，老子终于心软，叹了一口气道：

"孔先生啊，我听说你快要回国了。俗话说，富贵人送人以财，仁者送人以言。我既然是一个穷鬼，那只好窃仁者之号，送你几句话当作送别之礼了：所谓当今之士，聪明深察而近于死者，好议人者也；博辩闳达而危其身者，发人之恶者也！孔先生虽明察秋毫，但毕竟如今可是个乱世，不一定所有人都禁得住你的

批评哦。"㉛

讲完这话,老子主动起身,作揖告辞。老师一个人则又呆坐了许久,不知道有没有想明白些什么。

倒是老子告辞之后,浑身轻松,赶忙回里屋收拾了个大包袱,偷偷从家后门溜了出去。去街口租了一头老水牛,骑着就出关而去——自此再也没有人知道他的下落了。

注释:
① 《论语·先进》:子张问善人之道。子曰:"不践迹,亦不入于室。"
② 晏子去世于齐景公四十八年,即公元前500年。是年孔子52岁。
③ 《论语·阳货》:子曰:"道听而途说,德之弃也。"
④ 《晏子春秋·外篇上》:……(孔子)反,命门弟子曰:"救民之姓而不夸,行补三君而不有,晏子果君子也。"
⑤ 《论语·公冶长》:子曰:"晏平仲善与人交,久而敬之。"
⑥ 《论语·学而》:子曰:"不患人之不己知,患不知人也。"

⑦《晏子春秋·外篇下》：景公游于菑，闻晏子死，公乘侈舆服繁驵驱之。自以为迟，下车而趋。知不若车之遬，则又乘。比至于国者，四下而趋，行哭而往，至，伏尸而号，曰："子大夫日夜责寡人，不遗尺寸，寡人犹且淫佚而不收，怨罪重积于百姓。今天降祸于齐，不加于寡人，而加于夫子，齐国之社稷危矣，百姓将谁告夫！"

⑧《晏子春秋·外篇下》：晏子没十有七年，景公饮诸大夫酒。公射出质，堂上唱善，若出一口。公作色太息，播弓矢。弦章入，公曰："章，自吾失晏子，于今十有七年，未尝闻吾不善。今射出质，而唱善者若出一口。"弦章对曰："此诸臣之不肖也。知不足以知君之不善，勇不足以犯君之颜色，然而有一焉。臣闻之，君好之，则臣服之；君嗜之，则臣食之。夫尺蠖食黄则其身黄，食苍则其身苍，君其犹有谄人言乎？"（按，此处年代应有错漏，晏子死后十年景公便去世了，而文曰"十有七年"，应是有误。）

⑨ 诸侯去世曰"薨"，景公死于晏子去世十年之后，即公元前490年。

⑩ 出自《论语·季氏》。

⑪《孔子圣迹图》：世传孔子七岁入晏平仲学。

⑫《晏子春秋·外篇下》：仲尼闻之曰："语有之：'言发于尔，不可止于远也；行存于身，不可掩于众也。'吾窃议晏子，而不中夫人之过，吾罪几矣。丘闻君子过人以为友，不及人以为

师。今丘失言于夫子，夫子讥之，是吾师也。"

⑬《论语·子罕》：大宰问于子贡曰："夫子圣者与？何其多能也？"子贡曰："固天纵之将圣，又多能也。"子闻之，曰："大宰知我乎！吾少也贱，故多能鄙事。君子多乎哉？不多也！"

⑭《史记·孔子世家》：孔子为儿嬉戏，常陈俎豆，设礼容。

⑮《论语》中记载有对孔子的这一头衔不服者，反问曰："孰谓鄹人之子知礼乎？"意为，谁说鄹人的儿子是懂礼貌的好孩子呢？（按，孔子的父亲据说做过鄹地大夫，故名鄹人之子。）

⑯《孔子家语·本姓解》：至十九而娶于宋之亓官氏。一岁而生伯鱼。鱼之生也，鲁昭公以鲤鱼赐孔子。荣君之贶，故因以名曰鲤，而字伯鱼，鱼年五十而先孔子卒。

⑰《左传·昭公七年》：楚子成章华之台，愿与诸侯落之。……三月，公如楚，郑伯劳于师之梁。孟僖子为介，不能相仪。及楚，不能答郊劳。

⑱三桓，即季孙氏、孟孙氏、叔孙氏三大家族。由于三家都是鲁桓公的后代，故名三桓。孟僖子即是孟孙氏时任的家长。

⑲可参看《老师的罢官》一章中会提及的"八佾舞于庭"事件。

⑳《左传·昭公七年》九月，公至自楚，孟僖子病不能相礼，乃讲学之，苟能礼者从之。及其将死也，召其大夫，曰："礼，人之干也。无礼，无以立。吾闻将有达者曰孔丘，圣人之后也，而灭于宋，其祖弗父何，以有宋而授厉公，及正考父佐戴、武、宣，三命兹益共。故其鼎铭云：'一命而偻，再命而

伛，三命而俯。循墙而走，亦莫余敢侮。饘于是，鬻于是，以糊余口。'其共也如是，臧孙纥有言曰：'圣人有明德者，若不当世，其后必有达人。'今其将在孔丘乎？我若获没，必属说与何忌于夫子，使事之而学礼焉，以定其位。"故孟懿子与南宫敬叔师事仲尼。仲尼曰："能补过者，君子也。《诗》曰：'君子是则是效。'孟僖子可则效已矣。"

㉑《论语·为政》：孟懿子问孝。子曰："无违。"

㉒ 可参见后文会提到的"隳三都"事件。

㉓《史记·孔子世家》：鲁南宫敬叔言鲁君曰："请与孔子适周。"鲁君与之一乘车，两马，一竖子俱，适周问礼，盖见老子云。

㉔ 所以看来当时楚国人还真的比"礼仪之邦"者要懂礼得多，连鲁国最"知礼"的孔子，都要向楚人学习。

㉕《孟子·梁惠王下》：孟子对曰："夫明堂者，王者之堂也。王欲行王政，则勿毁之矣。"

㉖《孔子家语·观周》：孔子观乎明堂，睹四门墉有尧舜之容、桀纣之像，而各有善恶之状、兴废之诫焉。又有周公相成王，抱之负斧扆南面以朝诸侯之图焉。孔子徘徊而望之，谓从者曰："此周之所以盛也。夫明镜所以察形，往古者所以知今。人主不务袭迹于其所以安存，而忽忽所以危亡，是犹未有以异于却走而欲求及前人也。岂不惑哉！"

㉗ 出自《孔子家语·观周》。

㉘《庄子·外物》：人主莫不欲其臣之忠，而忠未必信，故伍员流

于江,苌弘死于蜀,藏其血三年而化为碧。

㉙《孔子家语·辩乐解》:孔子学琴于师襄子。襄子曰:"吾虽以击磬为官,然能于琴,今子于琴已习,可以益矣。"孔子曰:"丘未得其数也。"有间,曰:"已习其数,可以益矣。"孔子曰:"丘未得其志也。"有间,曰:"已习其志,可以益矣。"孔子曰:"丘未得其为人也。"有间,孔子有所缪然思焉,有所睪然高望而远眺,曰:"丘迨得其为人矣。近黮而黑,颀然长,旷如望羊,奄有四方,非文王其孰能为此?"师襄避席叶拱而对曰:"君子圣人也,其传曰文王操。"

㉚《庄子·天运》:老聃曰:"子来乎?吾闻子,北方之贤者也!子亦得道乎?"孔子曰:"未得也。"老子曰:"子恶乎求之哉?"曰:"吾求之于度数,五年而未得也。"老子曰:"子又恶乎求之哉?"曰:"吾求之于阴阳,十有二年而未得也。"老子曰:"然。使道而可献,则人莫不献之于其君;使道而可进,则人莫不进之于其亲;使道而可以告人,则人莫不告其兄弟;使道而可以与人,则人莫不与其子孙。然而不可者,无它也,中无主而不止,外无正而不行。由中出者,不受于外,圣人不出;由外入者,无主于中,圣人不隐。名,公器也,不可多取。仁义,先王之蘧庐也,止可以一宿而不可久处,觏而多责。古之至人,假道于仁,托宿于义,以游逍遥之墟,食于苟简之田,立于不贷之圃。逍遥,无为也;苟简,易养也;不贷,无出也。古者谓是采真之游。以富为是者,不能让禄;以显为是

者,不能让名;亲权者,不能与人柄。操之则栗,舍之则悲,而一无所鉴,以窥其所不休者,是天之戮民也。怨恩取与谏教生杀,八者,正之器也,唯循大变无所湮者为能用之。故曰,正者,正也。其心以为不然者,天门弗开矣。"……孔子谓老聃曰:"丘治《诗》《书》《礼》《乐》《易》《春秋》六经,自以为久矣,孰知其故矣;以奸者七十二君,论先王之道而明周召之迹,一君无所钩用。甚矣夫!人之难说也,道之难明邪?"

老子曰:"幸矣子之不遇治世之君也!夫六经,先王之陈迹也,岂其所以迹哉!今子之所言,犹迹也。夫迹,履之所出,而迹岂履哉!夫白鶂之相视,眸子不运而风化;虫,雄鸣于上风,雌应于下风而风化;类自为雌雄,故风化。性不可易,命不可变,时不可止,道不可壅。苟得于道,无自而不可;失焉者,无自而可。"

㉛《孔子家语·观周》:及去周,老子送之曰:"吾闻富贵者送人以财,仁者送人以言。吾虽不能富贵,而窃仁者之号,请送子以言乎:凡当今之士,聪明深察而近于死者,好讥议人者也;博辩闳达而危其身,好发人之恶者也;无以有己为人子者,无以恶己为人臣者。"孔子曰:"敬奉教。"自周反鲁,道弥尊矣,远方弟子之进,盖三千焉。

子贡的好学

在我的所有同学里，学习最好的要数两个，一个是冉有师兄，一个是子贡师弟。他们俩一个比我大一岁，一个比我小一岁，正好把我夹在中间。冉有师兄，前文里已介绍过，所以这里就不需多言。只单絮叨几句我们的子贡师弟即可。

子贡，复姓端木，单名赐，是卫国人。卫国紧挨在鲁国的正西边，算是鲁国的兄弟之国。①

总的说来：这对兄弟国，除了在对女人的审美上有些分歧之外，其他就再也找不出别的什么不同之处了——两国的大小相同，格局相同，甚至连百姓也相同。举国上下,既不似齐国人的用心经营,也不同于楚国人的追求情调——都是些慵懒无聊的贫苦人。唯卫国人喜欢长得粗大的女人,而鲁国人就无这般癖好。在卫国,一个女子要长成"硕人",才能算得上是美女。②

如果以此为标准,那么子贡一定是个不合格的卫国人,首先的第一点,便是他不喜欢壮女人,因此娶了个苗条的越国姑娘为妻。另外,他既不懒,又不穷——当然,他小时候倒是非常合群,家里的确是一穷二白——但这只能说明他老子是一个标准的卫国人。子贡自己后来可是死生有命,富贵在天,一切峰回路转,甚至于世人还不得不专门为他造了个词语,叫"富可敌国"。

这一点,冉有师兄倒是与他有些类似,都是由穷而富,靠知识改变命运。他俩的每次考试,总是交替着当第一第二,还甩出第三名好一大截。

不过，虽同为好成绩，但他俩取得的途径却大为不同，简而言之：就是子贡靠聪明，冉有靠认真。说得再通俗一点，便是子贡是学神，而冉有是学霸。

靠着这一学习态度上的不同，他俩的为人处世也有了极大的分别。

先说冉有师兄，他除了对读书和实习有着极大热情之外，对其他一切不能写上简历的事情都毫无兴趣。再加上平时跟我们话也不多，他又常一脸正人君子的模样。所以总给人一种沉闷无聊、畏手畏脚的感觉。而他搞的学生会就更是如此，除了定期把自己选成"主席"以外，其他就只剩下喊口号了——正事是从来都没做过。

而子贡师弟，相比起来就要随和得多。学习虽不很用心，但作为"言语"科的高徒[3]，平时话必然不少。除了爱与我们聊天以外，他也常组织些郊游聚会，邀我们一同参加。虽说子贡当时还没有发迹，尚没赚到什么钱。但从那时起他便爱请客——所以同学们都念他的好。我私以为若是他情愿去竞选学生会主席的话，一定能比得下冉有师兄来——然而他却对之非常不屑。

当然，人无完人。子贡也有一个聪明人常有的毛病，就是喜欢褒贬人。人家有好，他就放开来夸；但人家有了问题，他也毫不掩饰，爱挑人错。④所以老师也常为此批评他⑤："你小子就做得很好吗？我才没那个闲工夫管别人呢！"⑥

就老师的态度而言，一定是对冉有师兄更好一点的，基本都是鼓励多而批评少，甚至还准许他"闻斯行之"⑦——只要自己觉得对，便可放心去做。但对子贡，老师却就严厉得多了，至少在我的印象里，老师是从没表扬过子贡。

有一次，老师给我们讲授"君子不器"⑧的道理，也就是说：君子不能像个器物一样，靠着一些特定的用途，以求供别人使用。

子贡恰好这次月考又考了全校第一,正好有些自得。便冒失地问道:"老师,你看我现在能算个君子了嘛?"

老师却丝毫不给情面:"你啊,不还是个器么?"

子贡遭了一盆冷水,但还是想得个安慰:"那老师您说说,我是个什么器物呢?是不是个好器物呢?"

结果老师却更加决绝:"什么好器物坏器物,就算是瑚琏不也还是个器么!"⑨

子贡这才不再多话。

每当这时,我总觉得老师有点过分。子贡成绩又好,品貌又高,总批评他是为了什么呢?但退一步讲,我们这些师兄也没人真为子贡的不公平待遇而出头鸣过不平。

一来他年纪尚小,如果成绩又好,还天天得表扬。好处都给他一人占了,我们这些当师兄的心里难免不服。

另外,其实我们大伙都看得出来,老师内心里还是更喜欢子贡一点。只不过表扬勤奋认真的同学是必须的,而批评自恃天赋马马虎虎的同学也是必须的。这才一直不肯给子贡好脸色看,不过只是希望他能像冉有师兄一样上进。

当然,老师喜欢子贡,绝不是因为他的天资聪明。毕竟在老师看来,聪明而不好学的人,都容易变得放荡,难成大器。⑩他看中的,其实是子贡看待学习的境界。

对我们绝大多数同学而言,比如说我,或者冉有师兄。来找老师学习,无非是为着一个目的:学到本事了,以后好求个官做。都是抱着学以致用的态度来的——然而子贡却不同,他并不寻求靠学习能得到什么好处,他就是单纯地喜欢学习。用老师的话来说,我们的区别,叫作"知之者不如好之者"⑪。

但也正是出于这一原因,子贡的学习从没有什么动力。既然是把学习当作兴趣，又不求个结果。今天懒散一点，明天用功一点，又有多大的不同呢？反正每次都能考第一，其他只要开心就好。

所以，这就是老师从不敢夸子贡的原因了。甚至于一次老师直接下了狠话："端木赐！你小子真是浪费了你的天赋啊！"⑫

只是老师骂归骂，子贡依旧我行我素。作为一个没什么主见的人，每当这时，我又会总觉得子贡有些过分——既然老师都已经天天批评你了，为什么就不能好好学习去呢？

本来，以我的学识，这个矛盾或许永远都解释不清。但幸好，老师的学堂很快迎来了一位更加高明的新同学，他叫作——颜回。

注释：
① 《论语·子路》：子曰："鲁卫之政，兄弟也。"

② 《诗经·卫风》中专有一篇名为《硕人》，即是一篇描摹卫国美女的诗歌，可供参考。非常有名的"巧笑倩兮，美目盼兮"一句便是来自其中，但这话其实是在说一个大胖姑娘。

③ 《论语·先进》：言语：宰我、子贡。

④ 《史记·仲尼弟子列传》：子贡好废举，与时转货赀。喜扬人之美，不能匿人之过。

⑤ 《史记·仲尼弟子列传》：子贡利口巧辞，孔子常黜其辩。

⑥ 《论语·宪问》：子贡方人。子曰："赐也贤乎哉？夫我则不暇！"

⑦ 《论语·先进》：子路问："闻斯行诸？"子曰："有父兄在，如之何其闻斯行之！"冉有问："闻斯行诸？"子曰："闻斯行之。"公西华曰："由也问：'闻斯行诸？'子曰：'有父兄在。'求也问：'闻斯行诸？'子曰：'闻斯行之。'赤也惑，敢问。"子曰："求也退，故进之；由也兼人，故退之。"

⑧ 出自《论语·为政》。

⑨ 《论语·公冶长》：子贡问曰："赐也何如？"子曰："女，器也。"曰："何器也？"曰："瑚琏也。"（按，瑚琏，古代祭祀使用的极为尊贵的礼器。）

⑩ 《论语·阳货》：子曰："由也，女闻六言六蔽矣乎？"对曰："未也。""居！吾语女。好仁不好学，其蔽也愚；好知不好学，其蔽也荡；好信不好学，其蔽也贼；好直不好学，其蔽也绞；好勇不好学，其蔽也乱；好刚不好学，其蔽也狂。"

⑪ 出自《论语·雍也》,意为:知道要学习的人,不如喜欢学习的人。

⑫ 出自《论语·先进》,原文为"赐不受命"。

颜渊的志向

鲁定公九年①,也就是老师五十一岁的那年。这一年,老师遇到了两件喜事。头一件,是当上了中都宰,也就是中都县的县长,管理着一方百姓;第二件,是颜路大师兄的儿子颜渊刚过成年②,而这位小颜同学在把自己的头发梳成大人模样之后③,也来拜了孔子为师。

老师对此感到非常高兴,不但免了他的学费,还调侃道:"教完了老子又教儿子,你俩这辈分该怎么算?"——当然,这一伦理问题不必我来操心。作为一个外人,只需以师父论起即可。所以,大家一律称颜路为大师兄，称颜渊为小师弟。他父子俩的内部矛盾就与我们无关了。

或许这里还得强调一下，颜路和子路，虽然形式上都一样叫作"大师兄"。但其内涵上却有着极大的不同。但这一区别用中文又很难讲清，幸亏我在楚国老家跟远游人学过几句夷文，所以用夷文来解释的话：那么颜路的这个，是"a 大师兄"；而子路的那个，是"the 大师兄"。④

颜路的这一头衔，得来纯粹是出于他的年老而已——他比子路还要大三岁，所以只比老师小六岁，是全校年纪最大的同学。但他其余的学问道德却都谈不上高，甚至应该属是中人以下。因此，颜路师兄从没入室跟老师谈过学问，当然他自己或许也没有这个追求。

而他的儿子颜渊，乍看来也是个笨角色。上课的时候光会呆呆地闷坐着，老师讲什么都是一味点头，哪怕老师讲得有什么纰漏,他也继续照点不误。⑤所以,老师逐渐打消了最开始的新奇,以为自己教完了蠢爹,又来了个蠢儿子。渐次地又开始沮丧了起来。

事情的转机,要到不久后的那次月考——颜渊竟然考了全校的第三名,而且只比子贡和冉有低了几分,又甩了第四名好一大截。这让老师重新起了好奇,决定对颜同学做一次家访。

颜渊和他爸,都挤住在曲阜城正当中的城中村里。那边房屋又小又暗,街道又臭又窄。里面的居民个个愁眉苦脸,怨声载道。身处其中就像是进了地牢。老师满是无助地四处张望,心想要在这里找到颜渊的家,那真是"明足以察秋毫之末"都未必找得到了。但正在此时,眼前的一堆的哭脸中竟冒出一个开心笑的,老师仔细一看,正是颜同学。⑥

看到颜渊身居陋巷却能笑容满面,老师很是高兴。一是这样比较好找,二则毕竟"贫而无怨难,富而无骄易"⑦。能有他这样的心态就很不易。

说来也巧，老师学堂里成绩最好的三个同学⑧，倒全是穷人出身。但不以穷为卑，不以恶衣恶食为耻且不改其乐的，就只有颜渊一个了。

颜渊，其实本名叫颜回，字子渊。但出于尊敬，我们还是叫他的字。颜同学年纪只比我小两个月，我是四月的，他是六月的。为此，我也能靠着年龄充老混个师兄来当——即便这个头衔跟他爹的一样，并没有什么大用。

颜渊看老师上门，笑得更加开心。马上拿出了一竹篓的瓜子，又打了一瓢井水。便当作是穷人家的款待了。老师对此也很满足，虽说品类不胜，但也算是有吃有喝。接下来，老师就与他聊起了志向的问题：

"颜回啊，前段时间我带着你仲由大师兄和端木赐去爬了一趟农山。那山虽说不高，但山顶上也是格外清静，四面所望极远。我便对他俩说：'在这样的环境下沉思冥想,可以无所不至哩。你俩不如就在这儿说说你们的人生志向吧。'"

颜回也是不开窍,光听故事却毫不配合老师。既不显示出好奇之状,又不追问"然后呢?",而是照旧只在一旁边听边点头,老师也看不出他有没有认真听。无可奈何,只好先自顾自地往下讲:

"你仲由大师兄当然第一个上前夸道:'我呢,想在旗鼓相当的两军阵前,钟鼓之声响彻于天,旌旗缤纷曲折于地。双方剑拔弩张,士气高昂。正在这时,我身披白羽若月,赤羽若日,带着一小队勇士面对敌人的千军万马。一番鏖战之后,必能夺下对方的军旗,攘地千里!这样的功绩,想必只有我仲由能做得到吧。'

老师我听完,感叹道:'勇哉!'"

"随后端木赐也起了兴致,上前吹嘘道:'如果齐楚这两个万乘之国交战于莽莽荒野,战垒相望,尘埃相接。双方战马嘶鸣，正要挺刃冲锋。千钧一发之间，我端木赐身穿缟衣白冠，在两军正中央设一粗布坐席。讲授仁义，陈说利害，两国定会化解矛盾，罢兵而还。这样的本领，也只有我能做到吧。子路师兄不如以后就跟随我一起吧，有我在，哪里还需要干戈兵刃呢！'

我听了之后，又赞叹道：'辩哉！'"

两个故事全部讲完，颜渊还是愣在一边，不发一语。老师实在有点着急了："颜回啊，你就不讲讲你的志向吗？"

颜渊想了一想："两位师兄，一个能文，一个能武。都没给我留下什么好讲的主题了啊。"

老师只好又鼓励道："怕什么。各言各的志向嘛，讲重了也不要紧。"

颜渊这才对曰道："学生我听说，薰莸不同器⑨，尧桀不共国，因为他们互不相容。我怕我的志向也与两位师兄的志向不能共存啊。"

老师听闻颜渊把开头起得这么高,不由得坐直了身子:"那颜同学就更该讲讲啦。"

颜渊起身离席,鞠躬作揖之后对曰:"我的理想,是辅佐一位明王圣主。让他对人民施以五教⑩,导以礼乐。如此,则城墙破了也不必整修、护城河干了也不必维护。熔铸天下兵器改做成各种农具,战马战牛回归原野沼泽。家庭从此没有分离之苦,天下千年没有战争之患。如果我的志向得以实现,那么子路师兄空有'勇'而无处施展;子贡师兄空有'辩'而无人游说。不知老师您怎么看?"

老师听罢,赶忙起身对颜渊还礼道:"美哉德也!颜同学的志向,不像仲由的那样伤财害民;也不必如端木赐那样巧言美饰。就是缺一位明王圣主啊!但老师我真心希望你的志向能够实现!"⑪

自从那次家访之后,老师明显对颜渊改变了态度。把他视作了自己最喜欢的学生,上课总让颜渊坐在紧挨着自己的位置。只是如此一来，还没等常考第一的子贡、冉有发表什么意见。"the 大师兄"的子路却首先不平吃醋了起来。

注释：

① 公元前501年。

② 古人二十岁成年。

③ 即"冠礼"。古代，青少年的头发并不盘于头上，而是自然垂下。直到成年时，才将头发聚束于头顶挽成发髻。

④ "a 大师兄"，即是"一个大师兄"；"the 大师兄"则是"这个大师兄"。前者可以是多个之一，而后者却只能有一个存在。所以如果单提"大师兄"三个字，那一定指的就是子路。

⑤《论语·先进》：子曰："回也非助我者也！于吾言无所不说。"

⑥《论语·雍也》：子曰："贤哉，回也！一箪食，一瓢饮，在陋巷，人不堪其忧，回也不改其乐。贤哉，回也！"

⑦ 出自《论语·宪问》。

⑧ 子贡、冉有、颜渊。

⑨ 薰：一种有香味的草。莸：一种有臭味的草。

⑩ 五教，便是五种教化。即：父义、母慈、兄友、弟恭、子孝。

⑪《孔子家语·观思》：孔子北游于农山，子路子贡颜渊侍侧。孔

子四望，喟然而叹曰："于斯致思，无所不至矣。二三子各言尔志，吾将择焉。"子路进曰："由愿得白羽若月，赤羽若日，钟鼓之音上震于天，旌旗缤纷下蟠于地。由当一队而敌之，必也攘地千里，搴旗执馘，唯由能之，使二子者从我焉。"夫子曰："勇哉！"子贡复进曰："赐愿使齐、楚合战于漭瀁之野，两垒相望，尘埃相接，挺刃交兵。赐著缟衣白冠，陈说其间，推论利害，释国之患。唯赐能之，使夫二子者从我焉。"夫子曰："辩哉！"颜回退而不对。孔子曰："回，来，汝奚独无愿乎？"颜回对曰："文武之事，则二子者既言之矣，回何云焉？"孔子曰："虽然，各言尔志也，小子言之。"对曰："回闻薰莸不同器而藏，尧桀不共国而治，以其类异也，回愿得明王圣主辅相之，敷其五教，导之以礼乐，使民城郭不修，沟池不越，铸剑戟以为农器，放牛马于原薮。室家无离旷之思，千岁无战斗之患，则由无所施其勇，而赐无所用其辩矣。"夫子凛然曰："美哉！德也。"子路抗手而对曰："夫子何选焉？"孔子曰："不伤财，不害民，不繁词，则颜氏之子有矣。"

子路的"失宠"

在颜渊拜师之前,老师最喜欢的学生就要算是子路大师兄和子贡师弟了。而于斯二者之间,老师应该喜欢子路更多一些。

毕竟老师曾经说过:"假如有一天,我的道行不通了,只能乘一叶小竹筏漂洋入海,躲避人世。到那时候还肯跟随我的,估计就只有仲由了吧。"① 大师兄对老师的这类表扬一贯信以为真且到处炫耀。真是遇夸奖而不吹嘘如衣锦夜行。前段时间老师暗讽他脸皮厚,他竟也当成是夸奖吹了半个多月。

那次大师兄不知什么原因,或许是上学路上又跟谁打了一架，满身灰土，衣服还破着几块便来上学。而他却浑不自知，蓬头垢面，头发塌了半边依旧得意洋洋，丝毫没有遮掩害臊的表现。

老师见状，实在不知道该说什么好，只能是摇摇头："仲由啊仲由，也就是你能这么淡泊了。自己穿得破破烂烂和别人穿毛穿貂的站成一排，还不觉得丢人。说句好听的，你这就像《诗经》里所说：'又不嫉妒、又不贪求，这样的人不是挺好的嘛！'②"

子路大师兄是个直率的人，一听"说句好听的"，还真以为老师是在表扬自己——而别人穿得精致整齐才是贪婪虚荣的表现。他哪想得到老师不过是给他留个面子，才故意没讲后半句"说句难听的，你这就叫不要脸"。

于是，大师兄自此每日都穿那件破袍子，又不补又不洗，时间长了一股又酸又甜的臭油味。不但如此，他还要逢人便高声朗诵"不忮不求，何用不臧"。一遍不够，还要两遍三遍——毕竟他就会这么两句，又不肯去找着背一下原诗，所以只能靠来回倒腾这么八个字撑点时长。

一边背诵，同时为显示这诗写的正是自己，还要辅以摆头晃脑，惹得破袍子上尘土飞扬，仔细一瞧，还有四五只虱子掉在地上。这派头，就差没刻块大木牌挂在颈项上游街了。

这下老师终于忍无可忍，厉声叫住大师兄："臭小子！你自己丢人就算了，还要到处胡闹现眼吗！赶快给我回家洗干净换件像样衣服再来见我！"③

至于说这次老师又夸大师兄的"乘桴浮于海"，又催得他高兴了好几天。看大师兄如此禁不住表扬，老师决定，再也不说他好话了。不但如此，老师又把刚赠予他的奖状给没收回来，改颁给了颜渊师弟。

那是老师家访颜渊之后的下一次月考。而考试的结果则是一切照旧，子贡师弟第一，冉有师兄第二，颜同学第三。

但老师却独不计较第一名和第二名,唯偏心于第三名,单夸颜渊一个。还评价极高,当着所有同学的面称道:"古人所谓:用之则行,舍之则藏。这样的境界,只有颜同学你能伴我一起共进退啊。"

这话音刚落,不等子贡冉有诉一下委屈,子路大师兄却头一个抢出来鸣不平。在他眼里,颜渊的成绩又不算最拔尖,身子还弱,才刚二十,头发就已经白了不少④。平日光会讲大话逗老师开心,空有个"境界",实在没有什么用处。

所以他首先就顶撞道:"老师啊,您说'用之则行',那如果现在国家有难,您又只能带一个徒弟上前线指挥作战,老师会选择带谁呢?"大师兄问这个问题,其指向性显而易见。毕竟他是个武林高手,既是兵戎之事,老师肯定会选自己。

可是老师却不给一点情面,心说我比你小子还要高半个头,你在我这儿充什么勇猛!真上战场谁保护谁还讲不清呢,我今天还就偏不选你了:"仲由啊,像你这样赤拳打老虎、徒手渡江河的莽撞人,到最后死都不知道是怎么死,我才不稀罕带着呢。"说完,便扭头又看向了颜渊:"真要我选,那我当然是要带着颜同学这样临事而惧、好谋而成的人才靠谱一点。"⑤

大师兄连番受挫,回家反思了一夜。终于豁然开朗:老师天天骂我不就是因为我喜欢打架么!既然老师不喜欢武的,那我就来文的好了。即刻,他就披星戴月地去敲了多才多艺的冉有师兄的家门。

然而冉有师兄早就睡得着着的,一番咚咚的乱敲,吵得他满是怨气地起床开门。开门瞧是子路,却赶忙堆出一副笑脸。结果发现子路这大半夜砸门竟只是想"借把乐器耍耍",惹得冉有更加气愤不已。

但他表面上并不发怒,只是乖乖转身回屋先取了一把琴⑥来。子路一把接过,只手一提,便直摇头:"太轻太轻,不称手不称手,麻烦师弟换一把来。"

冉有师兄没法,只好又回屋拿出一把筝。子路掂量了再三,依旧是不满:"贤弟,还是轻!请冉师弟再受点累另找一把。要挑最重的!"

冉师兄照样一脸和气,又重新转身抱出了一架瑟⑦来。子路这才喜笑颜开:"这个好!这个好!有劳贤弟,告辞告辞!"

子路把瑟抱回了家,胡乱拨弄了几下,心里只恨自己之前音乐课都没好好上。实在是愣坐在瑟前,十个指头扭作一团。努力半回想、半猜测地研究了两三个时辰,终才依稀听得出几句旋律了。

此时天也将明,闻得隔壁大爷家的小公鸡上架叫早。大师兄赶紧抱起了还没弹得多顺的瑟出了门,头一个赶到学堂。架好瑟,铺好席。便跪坐在地上,有模有样地弹起了无曲无调的歌。

太阳渐起,同学们陆陆续续地来了学校,眼看大师兄又是皱眉又是歪脑袋，十个指头在瑟上乱抠。也不明白他是个什么意思，都隔着十来米远远观瞧，不敢上前。等我到校的时候，围观的同学已经叠了四五层，我站在后面只能蹦着探脑袋，但还是瞧不太清楚。

正在这时，老师走了出来，估计是在教室里等了半天也不见同学进来有些奇怪。（总之肯定不是因为听到室外吵闹的缘故——因为子路大师兄就没怎么真弹响了瑟，而围观的同学也怕挨师兄的打而不敢取笑——所以大家都是静悄悄的。）

老师见门口上演着这么一出默剧，也是怒笑皆非，照着子路后脑勺就是一巴掌："臭小子，又来我这儿乱弹什么瑟。以为自己弹得很好吗！"

子路被老师拍得一愣，也不知他是迷迷糊糊还是真的认怂，总之旋即起身，抱着瑟挤出了人群回家去了，一天都没来上学。

老师这下略有点担心，但看子路第二天还是准点来了学堂。即便大师兄心情看着有些低落，但老师也算是渐渐放心。然而，真该让老师操心的倒不是子路，而是我们这群好惹事的同学。看老师最近如此不待见大师兄，大师兄自己状态又奇蔫，我们当然也不忘落井下石。

一次大师兄走近教室，子贡师弟便假装敬佩地高声宣告道："哎！'不忮不求'来了！"教室里应声热闹了起来。有子贡师弟带头，大家都壮起了胆子。有喊"怎么不跟老师去划船"的；有喊"听人说昨晚上李老二叫着他哥揍了你一顿报上次的仇啦"的；也有喊着要教大师兄弹瑟的。连我也很合群，高喊道："看来昨天打的是文明架啊，今天衣服这么齐整！"

教室里一片欢声笑语，只有大师兄噘着嘴不言语，亦不与我们怒目而对，任我们胡闹。但一片的戏谑声却引来了老师。而且老师的脾气就要比大师兄坏得多了。只见老师眼睛瞪得浑圆，手指着带头的子贡师弟：

"端木赐！每天好好学习的同学里没你，惹事倒是第一个带头！你自己就一点问题都没有吗？你挨我的骂比你师兄少吗！"

老师话音才刚起，教室里就消失了欢乐，待老师言毕，人人的脸上都换上了尴尬。都盼望着有子贡师弟顶着，我们或许能免于挨骂。

结果老师马上扭过头来："你们就更丢人了！子贡的聪明你们不学，光学他的坏。坏就算了，还只敢怂着坏。只会跟着起哄，有本事你们也带个头啊！我还告诉你们，别看我天天骂你们子路师兄，我骂他是因为我要他进步——你们还配不上我来骂呢！哪天你们谁能挨我的骂了，才说明你们长进了！"一番劈头盖脸过后，老师拂袖而去。⑧

如此，教室里的面容来了个大颠倒。我们一个个噘着嘴不言语，子路大师兄却喜笑颜开——原来老师批评我是因为我长进，你们还不配呢！

大师兄这一次的信以为真又让他得意了一个多月，逢人便说："你也配被骂？！"这一回老师对他却格外宽容，任他对着我们炫耀而不制止。直到大师兄终于自己失了兴致，我们才方得解脱。

注释：

① 《论语·公冶长》：子曰："道不行，乘桴浮于海。从我者，其由与？"子路闻之喜。子曰："由也好勇过我，无所取材。"
② 《诗经·邶风·雄雉》：不忮不求，何用不臧？
③ 《论语·子罕》：子曰："衣敝缊袍，与衣狐貉者立而不耻者，其由也与？'不忮不求，何用不臧？'"子路终身诵之。子曰："是道也，何足以臧？"
④ 《史记·仲尼弟子列传》：回年二十九，发尽白。
⑤ 《论语·述而》：子谓颜渊曰："用之则行，舍之则藏。惟我与尔有是夫！"子路曰："子行三军，则谁与？"子曰："暴虎冯河，死而无悔者，吾不与也。必也临事而惧，好谋而成者也。"
⑥ 古琴最初只有五根弦。后来文王因思念其子，加弦一根，是为文弦；武王伐纣，加弦一根，是为武弦。合称"文武七弦琴"。
⑦ 唐赵璘《因话录》："古瑟五十弦，自黄帝令素女鼓瑟，帝悲不

止，破之，自后瑟至二十五弦。秦人鼓瑟，兄弟争之，又破为二。筝之名自此始。"
⑧《论语·先进》：子曰："由之瑟奚为于丘之门?"门人不敬子路。子曰："由也升堂矣，未入于室也。"

商瞿的学易

老师办学,是有一个原则的。总结说来,叫作"子不语怪、力、乱、神"①。因此,除非是有外人求教,老师才或肯赏脸敷衍几句;其余再想从他这里听到些志怪灵异、奇闻逸事,几乎是件不可能的事情。

记得刚入学的时候,我有不少从远游人那听来的传奇想请老师解答。

其一,便是一种名叫"怪哉"的小虫,这种小虫乍看来与其他甲虫没有什么两样。然而却极爱居于阴森可怖之处,如果家里有了它们,那是一定要闹鬼的。但也幸而有一破解的方法,因这小虫是冤气所积而成,所以只要拿酒一浇便全都化了。

不过这个故事虽说很精彩,我却有一点不懂:这个冤气是如何化成小虫的呢?要说我长了这么多年,受的气也是不少,但也没见哪里生出来过虫子。只是对于我的这个疑问,远游人也不知该如何解答,想必他也是听更远的游人所讲,当时便没有问清楚,才有了这么一个疏漏。

但孔老师是极渊博的,所以我估摸他一定是知道的。因此我把握好了机会,有一日向老师讨教了这个问题。结果老师竟想都没想,便答曰:"不知道!"起初我还有点冤气(当然,也没化成小虫),以为老师是不肯教新学生。但后来我发现子路大师兄也遭了这么一个待遇。

那天,子路大师兄似乎心事重重,满是疑虑地问道:"老师,您知道该怎么侍奉鬼神吗?"

老师果断回绝:"你人都没侍奉好,侍奉什么鬼!"

但子路大师兄依旧追问:"那么老师,您能来谈一谈死后的世界么?"

老师又一次果断回绝:"你'生'都没研究明白呢,研究什么'死'!"②

子路终于不再追问。我也只好把我的那些疑惑也都装回肚里,由它们会化成什么去了!

后来,听子贡师弟跟我们说,老师的不谈"怪、力、乱、神"是有这么三点原因:

首先,这题目讨论也是讨论不出个结果来的——信与不信,其实大家内心早已有了决定,信者当真,不信者满是鄙夷,两家到最后一定要吵起来。

其次,这些东西容易把人带偏,整天歪门邪道地不走正路,谈多了难免误人子弟。

最后,妄言"怪、力、乱、神",很有可能会导致难以预计的后果——子贡师弟就遇到过一次:

那次子贡师弟也有了与大师兄同样的问题:"老师,

您说说人死后,是有没有灵魂的呢?"

老师当然还是采取了他一贯的回答:"不知道!"

但子贡毕竟是言语科的高手,能说会道,几番追问,就套出了老师一直回答"不知道"的原因。

老师解释道:"端木赐啊,我来这么跟你说吧。我讲过的话,有很多人是会奉若真理的。所以,如果我说人死之后没有灵魂,那不孝之子在父母死后,便会草率地把尸体丢在山沟里而不下葬;但反之,如果我说人死之后是有灵魂的,那么孝子又会倾家荡产为父母置办葬礼,把家里的好东西全部拿来陪葬,甚至影响到自己的正常生活。所以我就算知道也不能告诉你啊,你要真想知道的话,等你以后死了就知道了嘛。"③

如此,既然有着这么多的麻烦,那老师当然还不如索性闭嘴不谈。

只不过事与愿违,自从老师最近开始学《易》了以后，总有不少投机的人前来讨教"怪、力、乱、神"的问题。

老师最开始学《易》的目的，其实非常地无趣。不过是想借之作为一个自己日常行事的指导，以求在未来不犯什么大错④。但随着学习的深入，老师也逐渐意识到，读《易》或许并不如自己先前期望的那样简单——而是慢慢有了更加复杂而高深的目的：

老师开始希望，通过研究《易》，或许可以悟得万事万物发展变化的规律。而进一步总结这些规律，甚至就可以解答这个宇宙的终极问题⑤，讲得虚幻一点，大概是要"格物致知"⑥，用老师自己的话来说，便是要"知天命"了⑦。

至于老师的研究有没有成功，我不敢打包票。但有一次，我的子张师弟⑧求问道："老师您说，一百年以后的事情，我们现在是可以预料知晓的吗？"

老师回答："当然可以！你看从夏朝到商朝，这五百年的发展规律我们是可以知道的；再看从商朝到周朝，这五百年的发展规律我们又是可以知道的。只要掌握了这些规律，不只是那未来将接替周朝的新王朝的事情，哪怕是再过一千年之后的世界都是可以知晓的。"⑨

当然，对于老师的这句话我还真的没法验证，毕竟直到我写这些文章的时候，这天下还是由大周朝的天子坐着，而我也很没有自信能够活到一千岁。所以只能有劳后之视今者来做个判断，如果荣幸确有未来者能读到这篇文章，不齐先在此提前道一声"辛苦"。

既有上面那个故事，盖老师的确是有通过《易》来预测未来的，唯他所研究的，完全是宏观且漫长的猜测——他只关注于整个人类的久远未来。而不是俗人眼中求个雨、看个相之类的把戏。

只是时人中多半都是永远无法理解这一点的。当他们听说老师开始学《易》，都以为他是要开始搞占卜了。所谓"中人以上，可以语上也；中人以下，不可以语上也"⑩。而其中的不少又更是慕名前来，想在老师这儿学个算命的手艺，做个方士半仙什么的去骗骗愚蠢的"肉食者"，博个加官晋爵，封妻荫子。而商瞿，就是其中之一。

商瞿⑪，本是老师当中都宰时的部下。正当壮年却长得尖尖瘦瘦，一看就不像是什么正派人。有次老师派他去齐国出趟公差，结果他的老娘竟不乐意了。叫上平时一起跳舞的七姑八姨，就上了衙门口："孔老先生啊！您这可就不地道了，您是不知道，去趟齐国多远呐！孔大官人您有儿有女的，人生美满了。我们家小瞿可不如您，都二十多了，还一个儿子都没呢！您这时候还要把他派去齐国，老太太我什么时候才能抱上孙子啊？！"

即使老师之前曾去过两三趟齐国，明知齐鲁的距离其实并不太远。就算是慢慢着走，一个月也能回来了，根本耽误不了生孙子。但老师更加知道，与老大妈讲道理无异于白费口舌，所以他毫不辩驳。只是伸出手岔开五指摆了一摆，随口说道："老太太您不要担心，商瞿他过几年肯定给您生五个孙子。这次公务重要，还得麻烦老太太赏个脸放行才是。"

如此一来二去，老师又挨了大娘不少的骂，终于才说服她让商瞿顺利出行。

不过，不知道算是巧还是不巧。多年以后，等商瞿四十的时候，他还真的得了五个儿子。⑫ 不过商瞿很是愚笨，早把老师的"预测"忘得一干二净，倒是他家的老太太明白得快："哎哟！不得了了！商瞿，我们这可是碰到神仙了。你还记得你之前有个上司叫孔丘的么！他当年就是算过你要有五个儿子呢！你赶快拎两只鹅去找他拜个师也成个半仙，那多赚钱啊！"

商瞿遵母命，提着两只鹅来拜谢老师。老师那时刚刚结束十几年的颠沛流离回到故国，见人来拜师，当然分外高兴。但他却早忘了曾经预测过商瞿的生育问题一事。在商瞿的一遍遍提醒下，又仔细一回想，才暗暗侥幸：得亏人一个手是五个指头，要少一个不就说他只能生四个了！

但这回老师也不好扫人兴。如果实话实说：之前许你生五个儿子纯是瞎猜蒙你妈用的，我哪有算命的本事。那么商瞿一定要心疼送来的那两只鹅，所以只好昧着心把功劳全盘接受："是啊是啊，商瞿你看我可是早都帮你算到了！不简单吧？"

商瞿闻言，马上又顺水推舟，当即便要求拜师，还指明了要学《易》。老师当然知道商瞿学《易》的心路不正。但无奈自己也是被赶上了架，驳不开面子，最后只好全盘接受。⑬不过既然是教，那还是要以正路来教。

既然如此，还没学满一个月，商瞿当然就起了退学的念头。成天又不讲风水，又不讲手相。光是一堆"象生而后有物""形而上者谓之道,形而下者为之器"⑭等这类念着好听,但叫人半懂不懂的咒语。实在不知求学的出路在哪。

而课程中唯一能让商瞿听懂一点的东西也极无趣:

什么"火在水上"就是失败,"水在火上"就是成功。什么古人看了"风行水上",所以悟出了造船的道理;而看了"泽上于天",又悟出了造文字的道理。⑮总之,又过了不到俩月,商瞿便告辞回家。

老师也不挽留,只是叹息了一句:"南方人有句话说得好:'人要是没点恒心,哪做得了巫医呢?'这商瞿才学了仨月就走,怕是以后要出丑啊!"⑯

不过,就这一句话便看出了老师是真不会算命——商瞿退学之后南下去了楚国。单凭着曾向孔子学《易》这么一个名头,就招揽了不少弟子,赚了一大笔钱。至于说如果别人问起"为什么商先生只跟着孔子学了三个月呢?"他都是摆一摆手:"哈哈,那还不是因为我学得好,他都已经没有别的新本事来教我了。哈哈!"

注释:

① 出自《论语·述而》,意为:孔子不讨论四种事情:奇怪的、勇力的、悖乱的和神异的。

② 《论语·先进》:季路问事鬼神。子曰:"未能事人,焉能事鬼?"曰:"敢问死。"曰:"未知生,焉知死?"

③ 《说苑·辨物》:子贡问孔子:"死人有知无知也?"孔子曰:"吾欲言死者有知也,恐孝子顺孙妨生以送死也;欲言无知,恐不孝子孙弃不葬也。赐欲知死人有知将无知也,死徐自知之,犹未晚也!"

④ 《论语·述而》:子曰:"加我数年,五十以学易,可以无大过矣。"

⑤ The Ultimate Question.

⑥ 如果拔高一点,再超前一点,用现代科学的思维角度来解释,就是要求得"大统一理论"(GUT: Grand Unified Theory),也就是要统一所有物理运动的规则。只是孔子还不具备这些物理知识,但其目的是相同的。

⑦ 《论语·为政》:子曰:"吾十有五而志于学,三十而立,四十

而不惑，五十而知天命，六十而耳顺，七十而从心所欲，不逾矩。"
⑧ 子张，复姓颛孙，名师，字子张。
⑨ 《论语·为政》：子张问："十世可知也？"子曰："殷因于夏礼，所损益，可知也；周因于殷礼，所损益，可知也。其或继周者，虽百世，可知也。"
⑩ 出自《论语·雍也》。
⑪ 《史记·仲尼弟子列传》：商瞿，鲁人，字子木，少孔子二十九岁。
⑫ 《史记·仲尼弟子列传》：商瞿年长无子，其母为取室。孔子使之齐，瞿母请之。孔子曰："无忧，瞿年四十后当有五丈夫子。"已而果然。
⑬ 《史记·仲尼弟子列传》：孔子传《易》于瞿。
⑭ 参考胡适《中国哲学史大纲》。
⑮ 参考胡适《中国哲学史大纲》。
⑯ 《论语·子路》：子曰："南人有言曰：'人而无恒，不可以作巫医。'善夫！""不恒其德，或承之羞。"子曰："不占而已矣。"

老师的算卦

如果说老师学《易》的时候一次卦都没有算过，那当然是在讲大话。毕竟是"学而时习之，不亦说乎"①？既然连书都学得翻破了好几回②——那么，老师也一定是按捺不住要习个一回的：

那时候商瞿还在齐国出差。所以老师尚没有学《易》的弟子，只好独自一人兴致勃勃地去街市买来了一大把蓍草。在地上铺开一大堆，手指间又夹了一大堆，如此分分合合，乱中有序。几次三番最终得了个"贲"卦。我们对之当然是不明所以的，但看老师似乎并不很开心，甚至还有些懊恼。我于是猜测"贲"应该不是什么好意思。

只有子贡是见多而识广的,懂得"贲,吉卦也"的道理。所以他对老师的表现很是疑惑:"老师,我之前听人说,'贲'卦可是个吉卦,为什么老师得了吉卦还要不开心呢?"

老师边收拾蓍草边解释道:"'贲',虽说吉,但却是偏离了正道的吉。在《易》里,'山下有火'叫作'贲',你看,山是绿的,火是红的。两相结合,这样花花绿绿,一看就不是什么正派颜色——只有黑和白,这两个才是正色。③ 我今天得了'贲',看来是要得不义之财。只是这不义而来的富且贵,于我如浮云。④ 你说来了一朵浮云,这事儿有什么好开心的呢?完全是平添烦恼嘛。"

没过多久,老师的"不义之财"便如约而至——在鲁定公十年,也就是周敬王二十年的时候⑤,才刚干了一年中都宰的老师,就被鲁定公破格调去了中央。

老师上任前念了两句话:"君子祸至不惧,福至不喜。"就顺利地当上了司空,也就是管土木的官员。旋即又升为大司寇,成了鲁国的大法官。⑥

对于老师的升官,有两个人是格外不平的。

第一个,就是商瞿——待他好不容易从齐国绕了一圈回来,却发现当初硬赶着自己出国的领导竟升了官,于是自己出差的成果竟无人汇报,等于是白跑一趟。商瞿憋了一肚子的冤气,果断便请了半个月的假,以示抗议。但这请假的流程却走了两个来月才得批准,不知道这段时间他肚里有没有给憋出只"怪哉"虫来。

第二个,乃是子路大师兄。大师兄见老师平步青云,就有了点道德主义的情绪,认为老师升官就是不淡泊,而不淡泊就是小人。所以也压不住脾气,揪着老师大声质问道:"老师!您当官前一口一个'祸至不惧,福至不喜',我看您现在每天都乐呵呵的得意忘形,看来升官了还是快活吧?"

大师兄虽说三天两头儿地挨骂,但也是唯一一个敢对老师出言不逊的弟子。

不过老师早就料到大师兄要找他麻烦,所以他也早已准备好了答案:"小子啊,我高兴的不是我现在身居高位,而是我身居高位却还能保持对普通人的谦卑之心——这可是个很不错的境界哦!你小子还得跟我学呢!"⑦

这一点老师倒不是吹牛:相比趾高气扬的三桓,老师每与乡里乡亲们讲话的时候,都是恭恭敬敬,听得多说得少,仿佛自己不会说话一般。只有在朝堂之上,面对其他官员大夫,才敢开口便便发言,侃侃而谈。⑧

当然,对于老师的升官,也还是有人表支持态度的。鲁国的第四大家族臧家就专门派了家臣漆雕凭来向老师祝贺。老师是个好学的人,见他来访,毫不寒暄,当即就拉着他问道:"臧家自古以来出过三位高人:臧文仲、臧武仲还有孺子容。在漆雕先生看来,他们三位谁更贤德一点呢?"

漆雕凭听后,起身答道:"臧家有一只祖传的守龟⑨,名字叫作'蔡'。当年臧文仲任大夫的时候,三年只用它占卜过一次;后来臧武仲任大夫的时候,三年用它占卜过两次;但等到孺子容的时候,还不到三年,就已经占卜过很多次了。这是我观察所知的,但先生如果要我说说他们三位谁更贤德一些,那我就讲不明白了。"

老师听罢漆雕凭的回答,非常高兴:"漆雕先生真是会讲话啊!言人之美的时候隐而显,言人之恶的时候微而著。这比那些自以为聪明的人要高明得多啦!"⑩

送走了漆雕凭,老师把我们这些学生都叫来,当我们的面扔掉了之前买的蓍草:"你们也都听到漆雕先生的话啦,以后我是再也不占卜了!丢人!算命算得多了,可是连家里人都要嘲笑你的啊!"⑪

注释：

① 出自《论语·学而》。

② 《史记·孔子世家》：孔子晚而喜《易》，序《彖》《系》《象》《说卦》《文言》。读《易》，韦编三绝。曰："假我数年，若是，我于《易》则彬彬矣。"

③ 《吕氏春秋·壹行》：孔子卜，得贲。孔子曰："不吉。"子贡曰："夫贲亦好矣，何谓不吉乎？"孔子曰："夫白而白，黑而黑，夫贲又何好乎？"故贤者所恶于物，无恶于无处。

④ 《论语·述而》：子曰："……不义而富且贵，于我如浮云。"

⑤ 公元前500年。

⑥ 《史记·孔子世家》：其后定公以孔子为中都宰，一年，四方皆则之。由中都宰为司空，由司空为大司寇。

⑦ 《史记·孔子世家》：定公十四年，孔子年五十六，由大司寇行摄相事，有喜色。门人曰："闻君子祸至不惧，福至不喜。"孔子曰："有是言也。不曰'乐其以贵下人'乎？"

⑧ 《论语·乡党》：孔子于乡党，恂恂如也，似不能言者。其在宗庙朝廷，便便言，唯谨尔。朝，与下大夫言，侃侃如也；与上大夫言，訚訚如也。君在，踧踖如也，与与如也。

⑨ 天子、诸侯、卿大夫占卜用的龟叫"守龟"。

⑩ 《孔子家语·好生》：孔子问漆雕凭曰："子事臧文仲、武仲及孺子容，此三大夫孰贤？"对曰："臧氏家有守龟焉，名曰蔡。文仲三年而为一兆，武仲三年而为二兆，孺子容三年而为

三兆。凭从此之见,若问三人之贤与不贤,所未敢识也。"孔子曰:"君子哉!漆雕氏之子。其言人之美也,隐而显;言人之过也,微而著。智而不能及,明而不能见,孰克如此。"

⑪《论语·子路》:子曰:"不占而已矣。"

老师的为政

对于"大司寇"一职,老师是非常珍惜且尽心尽责的。一时间,在老师的治理之下。曲阜城上下是夜不闭户,路不拾遗。甚至连路面交通都有了改善,自从男人走在马路右边,女人走在马路左边之后,马路的其中一边因此而变得通畅了许多。

当然这样笼统的描述很难给人留下深刻的印象。毕竟自古以来,无论尧舜禹汤文武成康,一切的"盛世"在书本上,都不过是"夜不闭户,路不拾遗"这么八个字就草草做了总结。所以,为了突出老师为政的特别之处,我还是得用"举例子"的方法来细致论证:

在老师升官之前,曲阜城里有三个声名狼藉的人物:

头一个叫沈犹氏,他们家垄断着整个曲阜城的活羊买卖。因此,他常肆无忌惮地贩卖"注水羊"——每天早上,他都会先给每只羊灌上两三斤的水再拿到市场上去卖。起初沈犹氏还有些遮遮掩掩,天不亮就爬起来,趁着夜色胡乱喂上几瓢便作罢。后来胆子越来越大,最终索性边卖边灌。所以客人要买还得赶早,不然去晚了只能买个羊皮水球回家。但由于他是独家专卖,所以大家也是无可奈何,只能自认倒霉。

而接下来的这第二个相比沈犹氏而言就来得大方多了,他叫作公慎氏,是个住在城西边的小生意人。不但他大方,他的老婆也非常"好客",常喜欢叫上左邻右舍一起去家里玩些少儿不宜的耍。而公慎氏不但不加制止,还以之为乐,甚至在家里也挂满了邻居们赠送的锦旗,有写"我欲仁,斯仁至矣"①的,有写

"大学之道，在亲民，在止于至善"②的，有写"吾未见好德如好色者也"③的——总之曲阜人的文化水平确实是都不低。

但这最后一个就比较无趣了，叫作慎溃氏。他不过是一个标配的暴发户，生活奢侈，目无法纪。家里人闯了祸便砸钱了事，赔礼道歉是绝不可以的——更不要说对簿公堂，接受惩戒。总而言之，便是钱要多少就赔多少，毫不还价，但面子是一定不能损的，而坏事也一定是要做的——毕竟还得靠做坏事才能显出面子大来嘛。

但这三人的转变，就是在老师当上大司寇之后：

第一个沈犹氏再也不敢卖"注水羊"了，还号召卖牛马和卖猪狗的同行一起诚信经营，不再变着花招地哄抬物价；第二个公慎氏也终于明了羞耻，送了他妻子一封休书，兼带着满屋的锦旗送她回了娘家；只有第三个慎溃氏依旧我行我素，照例不肯损伤自己的面子，但又怕老师找自己麻烦，所以移民去国外转而无视他国的法纪去了。④

对于这样的政绩，老师即便算不上十分满意，也还是有八分自得的。他跟我们吹嘘道："其身正，不令而行；其身不正，虽令不从。⑤如此看来我自己的为人还是挺正派的嘛。君子的德行像风，小人的德行像草，风在草上吹来吹去，草能有不跟着倒的道理吗？⑥"

不过鲁国的百姓却还是天真可爱，他们并不相信老师能有这么大的感召力。由此，他们对于这一成绩有着另一个版本的解释：

据市井的传言，在老师刚当上大司寇的时候，他就对着上天作法，问上古的皋陶借来了神兽獬豸。这獬豸有一特殊的本领：就是能分善恶、辨是非。如果两人相斗，它会顶撞理亏的一方；如果两人相争，它会斥叫心虚的一方。⑦——总之，正是靠着它的帮助，原告和被告才都不敢在朝堂撒谎，老师也方才能成为

"无虐刑，无冤狱"的好大司寇。

不过，人言也是可畏。这一传言越传越真，竟连獬豸的长相都被编造得有模有样：这神兽，通体青黑，浑身没有一根杂毛。长相似羊，但却独角——只有一根尖角竖在脑袋中央，专门用来顶人。尾巴短小又状似蜗牛一卷一卷的。平时不声不响地性情温和，但遇到恶人，呵斥声就如虎啸一般。⑧

只是这谣言光传还不要紧，但却惹来了不少外乡人专程跋山涉水要来老师府上瞧瞧这一神兽。起初老师还一个个解释，说这不过是个传言，根本没有这回事情。惹得大家扫兴而归。后来子贡师弟去沈犹氏那里挑了只黑肥羊，锯掉了一只角后，扮作獬豸拴在屋前，供大家参观。来者无不欢欣鼓舞——看来我果然是个好人嘛，不然它怎么会不冲我老虎叫呢？但没放几天，便被老师制止了。

当然，传言总是不足以信，还是转来讲讲老师判案的真办法。首先需要讲明，这办法肯定是不如大伙儿的传言来得有趣，但在操作上却比之便捷百倍还不止。

说来简单，老师的断案既不需做法，也不必求羊。只用请来十几个人一同旁听，同僚也可，平民百姓也可，老师把他们组成一个陪审团。待原告被告讲明了原委，证物证人一一呈现之后，老师就把陪审团召集起来开个会，询问每人的意见。最后，再经老师的权衡比较，以做出最终的审判。这样便可基本做到"无虐刑，无冤狱"了。⑨

但对于老师的这一方法，子路大师兄是又瞧不上了："孔老师，你看你判个案麻烦的，又请爷爷又请奶奶，也不怕人笑话。断案这种简单事，至于搞这么大场面么？自己决定就行了嘛。"

老师闻言，脾气立马就上来了："咄！是何言也！只有仲由你这种野蛮人才把判案不当回事，没听两三句话就敢下定论。⑩你要知道，你的判决可是影响着一个人的一生，这能不谨慎吗？混账东西！"

幸好子贡师弟这时也在一边旁听，马上劝解道："老师您别生气，大师兄可能是没讲清楚。他的意思是：即便老师每次断案都会请来十几个人咨询意见，但最终的判决却都与您最初的判断差不太多。既然如此，又何必要多此一举，劳民伤财呢？"

但老师的火气并没有因此而减弱："端木赐啊，怎么聪明如你都想不明白这么简单的道理！哪怕是智者千虑，也终有一失。更何况我们都不是智者，谁就能保证每次都判断准确呢？但如果我现在的做法能形成一种永久的制度，让每个案件都能有众议者参与，那以后哪怕是仲由这样的蠢货做大司寇都很难会有冤假错案了！"

子路大师兄在一旁闷闷地不敢作声，终于还是颜渊师弟出面才解了围："老师，听了您刚刚的教诲，想来'无虐刑、无冤狱'也只是您的一个小目标吧。能不能跟我们讲讲您做大司寇的最高理想呢?"

老师这才转怒为喜:"还是颜回你了解我啊。本来就是嘛,断案这件事,你说我能和别人有多大区别?我当大司寇的理想,是全天下都没有争执,再也不需要司寇这个职位。⑪但要达成这一目标,就不能靠法律了,而是要靠教化。正所谓:道之以政,齐之以刑,民免而无耻;道之以德,齐之以礼,有耻且格。⑫为此,我才努力地培养你们,哪知道你们这么多人就颜回一个开窍的!看来我还是要辞官回来专心教你们才是。"

还别说,老师的最后一句话真就一语成谶。没过多久,老师就罢官回家了。

注释:
① 出自《论语·述而》。
② 出自《礼记·大学》。

③ 出自《论语·子罕》。
④《孔子家语·相鲁》：初，鲁之贩羊有沈犹氏者，常朝饮其羊以诈市人。有公慎氏者，妻淫不制。有慎溃氏，奢侈逾法。鲁之鬻六畜者，饰之以储价。及孔子之为政也，则沈犹氏不敢朝饮其羊，公慎氏出其妻，慎溃氏越境而徙。三月，则鬻牛马者不储价，卖羔豚者不加饰。男女行者别其涂，道不拾遗，男尚忠信，女尚贞顺。四方客至于邑，不求有司，皆如归焉。
⑤ 出自《论语·子路》，意为：居上位者自己品行端正，那么即使不下命令百姓也会行善；但如果自己品行不正，就算是三令五申也没人听从。
⑥《论语·颜渊》：君子之德风；小人之德草；草上之风，必偃。
⑦《异物志》：性别曲直。见人斗，触不直者。闻人争，咋不正者。
⑧《神异经》：东北荒中有兽焉，其状如羊，一角，毛青，四足似熊。性忠而直，见人斗则触不直，闻人论则咋不正，名曰獬豸，一名任法兽。
⑨《孔子家语·好生》：孔子为鲁司寇，断狱讼，皆进众议者而问之，曰："子以为奚若？某以为何若？"皆曰云云如是，然后夫子曰："当从某子几是。"
⑩《论语·颜渊》：子曰："片言可以折狱者，其由也与！"
⑪《论语·颜渊》：子曰："听讼，吾犹人也，必也使无讼乎！"
⑫ 出自《论语·为政》，大致译为：对于百姓，如果对他们用法

令来引导,用刑罚去整顿,的确能使他们暂时免于犯罪,但他们并不认为犯罪是羞耻之事(长此以往总会走向悖乱)。如果用德行去引导他们,用礼节去匡正他们,他们便会因为知耻而远离犯罪。

老师的立功

老师当大司寇不出三个月，便被告知了自己升官的真正原因：其实还是因为鲁定公有要事相求——但这事却不是鲁定公惹来的，真要追根溯源也是老师自己招来的麻烦。

自从老师当上了中都宰之后，把中都治得有模有样，既夜不闭户又路不拾遗。但这可让隔壁的齐国慌张了起来。

齐国大臣黎鉏就首先上报齐景公说："国君，先前晏平先生为社稷考虑，赶走了孔子。可如今他却在中都大有作为。有着这般政绩，鲁君将来一定会重用他。

倘若鲁君重用孔子，那么鲁国必然会强大起来。到那时，只担心孔先生会记恨前仇，对齐国使坏。所以，我们不如趁着现在齐强鲁弱，就与他们提前修好，以防后患。"

齐景公一听，觉得很有道理。便随即派了一个使团前往鲁国，相约鲁君半年之后在齐国的夹谷相会，以谋两国之好。①

齐使到来，鲁定公亲自迎接。待使者讲明了来意，鲁定公心情大悦——自己猜度道：现在齐国都要跟我们交好，那一定是我把鲁国管得很不错，吓到了他们嘛！

得意的定公欣然答应了会盟的请求，又款待了使团半个多月才舍得送他们回国。结果这一慷慨竟花掉了国库好几百个金贝壳，最后只能停发全国官员几个月的工资才补上了亏空。

送客之后，鲁定公却犯了难——但这当然不是为了那几百个金贝壳，毕竟他已从齐国人那里得知：自己的治国本领是非常高超的，所以补上国库的亏空显然对寡人而言是易如反掌。

他真正所痛苦的，是在这欢喜的同时，却又忽然失落地意识到，自己竟仍然不是一个完人：定公在品质上，仍有一些缺点。目前来说最恼人的，就是他同他哥哥鲁昭公一样——不懂"礼"。

这就是一个大问题了。因为若要去跟齐景公和谈，懂"礼"显然是个必须的技艺。而为了解决这一棘手的问题，他走了一条他哥哥实践过的老路，就是叫来了内政大臣②。那时的内政大臣已经换成了孟懿子。只是孟懿子也是个不长进的人。所以，他也有着同他爹孟僖子一样的毛病——依旧是不懂"礼"。③

这样，一开始的一个人犯难即刻演变成了两个人犯难。首先他俩计算了一下，半年之内学懂邦交礼仪的可行性。其计算的结果是：的确可行，但想必其过程不够快活。好在孟懿子技高一筹，在他抓了一阵耳，又挠了几回腮之后，终于豁然开朗，想到了一个既快活又可行的办法：对啊！我爹临死前曾经跟我交代过，鲁国有个叫孔子的很是懂礼！国君您直接带他去不就好了！

定公听闻，如获至宝。马上唤人去查孔子的下落，几天之后，得来回音：原来他此时正在做着中都县的县长！不过人虽说是找到了，可惜县长这个官职不够资格陪同国君出使他国，所以定公果断决定：即刻给孔子升官！

当时的鲁国官场，有这么一个规矩：季孙氏垄断着司徒④，孟孙氏世袭着司空，叔孙氏盘踞着司马⑤。最好的差使都被这三桓给占了。所以要给孔子升官，就必须略过这三个岗位。

定公于是又找来了孟懿子讨论，最终的解决方法如下：先给孔子一个小司空，待孟懿子这个大司空考察一番，认定他的确是个懂礼之人之后，再升他做大司寇，行摄相事。

这样一来，既不坏了长久以来的规矩，又给了孔子一个能够出使他国的体面身份，可谓皆大欢喜。

然而，现在回想起来这件事，我也是觉得可笑——当初若不是齐国人瞎担心，鲁定公本人才想不到要去升老师的官呢，更不要说还要重用他了。所以也实在是齐国人弄巧成拙，反蚀把米。

而今，老师已当了三个多月的大司寇。眼瞧离夹谷会盟的日子也将近了，鲁定公这才召来了老师，直接吩咐道："孔先生啊，你可能还不知道，前段时间，齐国专门派使者请寡人去夹谷与他们会盟，以求修好两国的关系，再过几天就是正日子了。这当然是个天大的好事。而孔先生呢，你是全鲁国最懂礼节的人，这次就不妨与寡人同去，也给鲁国长长脸。嗯，既然这样孔先生也别耽误了，赶快回家收拾一下行李，我们后天赶早就出发。"

一顿劈头盖脸,老师还没见过这么不懂礼貌的人。但又觉得鲁定公实在是傻得可爱,强齐示好竟一点疑心都没有。只好先按着脾气,上前恭敬地缓缓说道⑥:"国君,如今齐国强大,鲁国弱小。按理说,本应是我们有求于齐国才对,但他们却反过来向我们示好,其中一定有蹊跷。更尤其会盟地点,虽设在两国交界之处,但又选在了齐国一边的夹谷。那里山高路远,易守难攻。我担心国君只身前往,齐侯一定会要挟您,最终逼成个违心之好,实在得不偿失。"

鲁定公开始一听原本要发怒,说老师泼他冷水,但转念一想,又吓出一身冷汗,直挺起身子,往前探了探:"孔先生说得很有道理!寡人差点就中了齐国的圈套!先生您快讲讲,对于这次出访有些什么好的建议呢?"

老师对曰道:"我曾听说:'有文事者,必有武备;

有武事者，必有文备。'此次出行，虽是文事，但若有武备在后，也还是会更有底气。因此，请国君不但要安排众文官陪同，更要让左右司马也一同带兵前往，以保障您的安全。最后，我也有一位弟子，叫作仲由。虽是个鲁莽刚强之人，但也粗通礼节。如果这次他能有幸侍从国君，那么既能保证您的安全，又不会有违礼失节的行为，令齐国人笑话。还望国君酌情考虑。"

鲁定公自然是连连点头，心想寡人这一路就全听您安排了。老师这才放心退朝，回家后把这事给大师兄一说，大师兄兴奋得两个晚上没睡着觉。从早到晚又是耍枪又是舞剑，倒还真盼着齐景公来谋害鲁君，自己好立个大功，名垂史册。

而大师兄兴奋过度的后果，便是第三天一早，他就红着眼睛被老师赶上了路。一路上昏昏沉沉从马上摔下来好几次，最后实在疼得没法儿，只好赖去老师的车上躺着，才补了一整道的觉。

走了三天，大队人马终于来到了齐鲁边界。老师安排左司马带兵，驻扎在国界。只让右司马一个武将带数十卫兵陪同鲁定公进入齐国。前来迎接的齐景公见定公备了大军在后，又带着孔子同行，果然吃了一惊，面露难色。所以赶紧草草地行完了最简单的"遇礼"，再跟老师尴尬地点了点头致意，就算是走完了礼节上的流程。

这里要说一句，虽说齐国比鲁国在形势上强大得多，齐景公又比鲁定公年岁上大着好几轮，但双方在礼仪上却没有丝毫的高低之分。这是因为，在体制里，齐鲁两国是完全平等的——而体制，比一切规则都更有说服力。

早在五百年前，英明神伟的周武王就做了个决定，要把姜太公⑦和周公旦之子伯禽⑧都封为侯爵⑨。从那以后，虽说这两位的后辈儿孙有好有赖，但各自的地位却都是恒定不变的，因为武王并没有顺便设计出一完善的晋升机制。所以好的天天不服,想着总得与赖的分出高下区别;而赖的则是沉浸于"祖上阔"的美梦当中,聊以自足不求上进。

当晚,这一好一赖便分别带着各自官员,在两国边境安营休息。第二天一同早起,又在齐国的地界上晃荡了一天,终于到了夹谷。第三天清晨,双方的会盟如期开始。

为了此次会盟,齐国专门堆了个矮矮的土台子,有着三层台阶高。两国国君在台上坐定,百官文武在台下坐定。

鲁国这边的主礼相就是我们的孔老师,副礼相是个叫兹无还的,不过他并不是什么要紧人物,所以各位知道个名字即可,当然如果真实在记不住也无妨。齐国那边的主礼相是最开始挑事的黎鉏[⑩],但副礼相却是个大名人——叫梁丘据。

他跟老师一样,也是个热爱"礼"的人[⑪]。连齐景公都夸赞他,说梁丘据真是个又"忠"又"爱"的人。那景公的这一判断的依据是什么呢?

首先说"忠":景公是个贪玩的人,但管钱的内务府却一度受着晏子的管,所以大多数玩具内务府都是不肯付钱买与他的。景公无可奈何却又心里痒痒,而每到如此患难之时,就突显出梁丘据的"忠"来——他都会自掏腰包买给景公!

至于说"爱"呢,景公又是个怂人,偏怕打雷下雨,一定要人陪着才能心安。而每当大半夜里突然电闪雷鸣的时候,举朝上下唯一能随叫随到的,更是只有梁丘据一人!⑫

这般可爱之人,景公当然视为心腹。可他却有一个颇大的缺点,就是心肠不算太好。有次景公身上发了疥疮,几个月都不见好,身上被挠得通红,满是伤口。见主子受这么大苦,梁丘据心里当然不忍,所以他急忙上奏了一条治病良方:"国君,您现在身体抱恙却长久不能痊愈，那一定是为您向上天祈祷的官员心不够诚才造成的。对这样不诚心的人，就必须杀掉以向上天赔罪。我敢打包票，只要杀了他们，国君您的病一定好！"

而景公的智商或许真有问题，他当即就抓来了主管祭祀的官员，吵着要杀他们头。所幸有晏子在场制止，才没闹出人命来。⑬

有着这么一位既懂"礼"，又"忠""爱"的心腹，这场夹谷之盟的导演一职，景公自然就放心交给了梁丘据。那么，首先带给大家的便是：

第一幕

时间：

周敬王二十年，鲁定公十年，齐景公四十八年 ⑭

场景：

齐国边界的夹谷

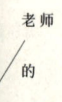

重要布景：

矮土台一个、齐鲁两国国旗若干、坐席垫若干

人物：

鲁国国君及其文武官员、齐国国君及其文武官员、东夷蛮人俘虏百余人、齐国将士百人、鲁国将士数十人

开场：

两国国君跪坐台上，举杯准备敬酒。忽然远处传来一阵喧嚣，转头观瞧，是一片尘土飞扬。渐渐地近了，才看明白，是一群东夷野人！有敲鼓的，有拿刀的，也有穷得只能拿根木棍的。但他们共同都是蓬头垢面，肮脏不堪，口里喊着："鲁国的狗君在哪里！"

（百余东夷俘虏上，鲁定公大惊，吓得酒杯摔在地上，自己也倒在一边，齐景公也想装恐惧，但却犹豫再三，舍不得扔梁丘据刚给他买的酒杯，所以一直攥在手里。）

鲁定公：

快救我！孔先生，兹先生，快来！

（子路却是头一个反应的，从孔子身后钻出，站在台下，怒目圆睁，仗剑而立。）

子路：

二位国君不要惊慌！有我在，定叫他们片甲不留！

（孔子是第二个反应的，起身之后走上土台，护住鲁定公。）

孔子：

鲁国的卫兵！快列队保护国君！

（数十鲁国将士在右司马带领下，列队于子路身后，排好迎战阵列。东夷野人见状，亦不敢上前，双方僵持于此。）

（台上鲁定公终于坐定，孔子转身对齐景公作揖。）

孔子：

齐君！两国会盟修好之时，竟有蛮夷搅扰。自古有言"裔不谋夏,夷不乱华"。齐君连国防都做不好,让这样的事情发生,于神为不祥、于德为愆义、于人为失礼!如果齐国真的兵力不足,我们鲁国可是现在就在边境驻着大军呢。不如请他们入境来帮您解决边患问题吧?

齐景公:

那不必,那不必!我们齐国虽小,兵力虽弱,但这点问题还是能解决的。孔先生不必费心劳烦。梁丘据!快带兵去打平这群蛮夷!

(百名齐国将士上,击退了东夷野人。本来东夷野人也是梁丘据安排的,所以也就是走个过场,点到为止,刚交手便配合着后撤了。)

(东夷野人、齐国将士下。)

(鲁国将士下,孔子、子路退回原位。)

(第一幕终)

评论:

这第一幕没按着梁导演的计划演,梁导演很生气,但更生气却是姜制片⑮。所以他恶狠狠地瞪了一眼梁丘据,又低头摩挲着手中的酒杯。想借此来平复怒气,梁丘据是个聪明人,当然看出了制片人对自己的不满,所以赶忙又上演了第二幕。

第二幕

时间:

比第一幕稍晚半个时辰

场景、重要布景:

与第一幕基本相同,唯鲁定公更换了一个新酒杯

人物:

比第一幕多十来个侏儒小丑,又比第一幕少几百个兵

开场:

齐景公提出要请自己的专用乐队,演奏些高雅音

乐，以为刚刚的不快向鲁定公赔不是。定公又是欣然应允。但乐队的第一首歌还很正经，在第二首却出了状况。

（众侏儒小丑上，乐队改奏混乱刺耳的音符。众侏儒开始表演各类低俗下流的动作。）

（鲁定公看得手足无措，十分尴尬；齐景公却看得津津有味，又是拍手又是大笑。）

齐景公（手指着侏儒中为首的那个，大笑）：

鲁君！您看那个多像你啊！又矮又可爱！

（侏儒听完景公的命令，更跪在地上向在座所有的人磕头讨喜。）

侏儒：

我就是鲁君！鲁君就是我！我给大家磕头啦！

（鲁定公见状，气得又摔碎了一个酒杯，涨红着脸，说不出话来。）

（齐景公终于开始心疼杯子了，急忙抬手叫停了演出。)

(孔子起身。)

孔子(手指着侏儒):

大胆放肆!你难道不知道,侮辱一国之君,照法律,是要问斩的吗?!右司马!

(右司马起身。)

右司马:

在!

孔子:

还不快抓住这罪人,即时行刑!

(右司马带领四名鲁国士兵上前,抓住为首的侏儒,这六人同下。)

(乐队人员及其他侏儒惊慌失措,亦下。)

(齐景公被孔子的迅速决断所惊,呆愣在座前,毫无反应。)

(第二幕终)

评论：

第二幕又没照着梁导的剧本来演，但因为一名演员领了便当。本该演第三、第四幕的演员全都提前逃了命。梁导终于是巧妇难为无米之炊——演出就此结束，会盟这才进入了正题。

正　剧

时间：

比第二幕又晚了半个时辰

场景、重要布景：

与第二幕基本相同，但这次鲁定公却没有得到一个新酒杯

人物：

鲁国国君及其文武百官、齐国国君及其文武百官

开场：

梁丘据拿出前段时间刚去大周朝图书馆抄来的《诸

侯国战略合作协议范本》，在甲方一栏填了：齐国，在乙方一栏填了：鲁国。又把标题里的"范本"两个字磨掉。一份完满的协议就算告成。两国国君都大悦。

齐景公：

来！鲁君！我敬你一杯！

鲁定公：

来！齐君！我也虚构着敬你一杯！

（趁着两君快活，梁丘据起身。）

梁丘据：

如此大喜的日子，我提议在协议中加一个附加条款，为两君助兴。祝未来，只要齐国与别国交战，鲁国必须派三百辆兵车协助，否则鲁君就如协议所言，人神共愤而死！

齐景公：

这条加得好！快写上去！

（梁丘据得令，在协议上写下如上条款。孔子旋即起身。)

孔子：

对！但这样的好日子也不能只有齐君一人欢喜！我也要加一条：祝明天，只要齐国不归还曾经强占鲁国的土地，那么其结果也必如协议所言！兹无还！

（兹无还起身）

兹无还：

在！

孔子：

你也快去协议中，加上这一新的条款！

（兹无还上前，从梁丘据手中接过协议，也写上了如上条款。）

鲁定公（犹豫，不敢高声，但又憋不住说出了口）：

对对！这条也该加！

（正剧终）

评论：

梁丘据的一切计划终于都被老师打乱,但毕竟他还是个聪明人,所以他明白,在两国国君签字之前,一切都还有挽回的余地。那么最终——

返　场

时间:

比正剧又晚了半个时辰

场景、重要布景:

与正剧基本相同,但齐景公在幕间休息的时候为显公平而摔碎了自己的酒杯

人物:

鲁国国君及其文武百官、齐国国君及其文武百官

开场:

两国国君都没了酒喝,坐在台上不知该干些什么,互相也并不愿意再致意寒暄。无论台上台下都寂静无声。

（梁丘据起身。）

梁丘据：

两位国君，现在也临近中午了，我们不如先备下宴席，待餐后我们再继续修约。

齐景公：

欸！说得没错，我都有些饿了。鲁君，你现在也该饿了吧。来！我们先吃饭。

（鲁定公很想承认自己的确很饿，但有了前面的教训，所以他先望向孔子，想由他来决定自己该不该饿。）

（孔子起身。）

孔子：

梁先生难道不懂得齐鲁两国的旧例吗？哪有合约已成，还要再摆宴席的道理。正事都完成了，两国国君都该尽快回国理政。如果贪图宴乐，不就是像桀纣一样奢靡了吗？再说了"牺象不出门，嘉乐不野合"，我也知道在现在这样的郊外，一定是吃不到贵国美味的。既然如此，不如还是请两国国君尽快签订合约，不要再劳烦设宴了。

鲁定公：

对对对！我们先签字。现在还不饿，还不饿。

（兹无还立刻小跑上前呈上协议，鲁定公毫不犹豫，接过就签，之后又递给齐景公。景公被赶上架，犹豫一二，最终亦签了字。）

（返场终）

（全场起立鼓掌后退场）

（全剧终）

鲁定公和老师回国之后的故事留到下一章再讲。齐景公回去的第二天便归还了鲁国汶阳之田的土地，也因此，他果然躲过了天谴，活至天年。

但梁丘据回家之后可是受了大苦，连挨了齐景公一个多月的骂不提。最后又花了三百个刀币给景公补上了摔坏的三个杯子。家里于是断了半个多月的肉,饿得他的老婆也忍不住骂道:"瞧你这德性,活该一辈子做小礼相!"⑯

注释:

① 《史记·孔子世家》:齐大夫黎鉏言于景公曰:"鲁用孔丘,其势危齐。"乃使使告鲁为好会,会于夹谷。
② 即大司空。
③ 相关故事见前文《老师的老师》一章。
④ 类似于如今的财政部长。
⑤ 类似今日的军委副主席兼国防部长。
⑥ 《论语·乡党》:君在,踧踖如也,与与如也。
⑦ 齐国的首任国君。
⑧ 鲁国的首任国君。
⑨ 周朝诸侯分为五等,自上而下排为:公、侯、伯、子、男。但其分封的标准多是出于政治的考量,而非一国的强弱。如楚国虽强,却是子爵;而宋国虽弱,但因其为殷人之后,所以得封公爵。
⑩ 实话说他的名字我也是往前翻了两页才想起来的。
⑪ 据记载,他也应是支持"三年之丧"的。《晏子春秋·外篇不

合经术者》：景公上路寝，闻哭声，曰："吾若闻哭声，何为者也？"梁丘据对曰："鲁孔丘之徒鞠语者也。明于礼乐，审于服丧，其母死，葬埋甚厚，服丧三年，哭泣甚疾。"公曰："岂不可哉？"而色说之。晏子曰："古者圣人，非不知能繁登降之礼，制规矩之节，行表缀之数以教民，以为烦人留日，故制礼不羡于便事；非不知能扬干戚钟鼓竽瑟以劝众也，以为费财留工，故制乐不羡于和民；非不知能累世殚国以奉死，哭泣处哀以持久也，而不为者，知其无补死者而深害生者，故不以导民。今品人饰礼烦事，羡乐淫民，崇死以害生。三者，圣王之所禁也。贤人不用，德毁俗流，故三邪得行于世。是非、贤不肖杂，上妄说邪，故好恶不足以导众。此三者，路世之政，单事之教也。公曷为不察，声受而色说之？"

⑫《晏子春秋·内篇谏下》：晏子曰："敢问据之忠与爱于君者，可得闻乎？"公曰："吾有喜于玩好，有司未能我共也，则据以其所有共我，吾是以知其忠也；每有风雨，暮夜求之必存，吾是以知其爱也。"

⑬《晏子春秋·外篇重而异者》：景公疥遂痁，期而不瘳。诸侯之宾，问疾者多在。梁丘据、裔款言于公曰："吾事鬼神，丰于先君有加矣。今君疾病，为诸侯忧，是祝史之罪也。诸侯不知，其谓我不敬，君盍诛于祝固史嚚以辞宾。"公说，告晏子。晏子对曰："日宋之盟，屈建问范会之德于赵武，赵武曰：'夫子家事治，言于晋国，竭情无私，其祝史祭祀，陈言不愧。其

家事无猜，其祝史不祈。'建以语康王，康王曰：'神人无怨，宜夫子之光辅五君，以为诸侯主也。'"公曰："据与款谓寡人能事鬼神，故欲诛于祝史，子称是语，何故？"对曰："若有德之君，外内不废，上下无怨，动无违事，其祝史荐信，无愧心矣。是以鬼神用飨，国受其福，祝史与焉。其所以蕃祉老寿者，为信君使也，其言忠信于鬼神。其适遇淫君，外内颇邪，上下怨疾，动作辟违，从欲厌私，高台深池，撞钟舞女，斩刈民力，输掠其聚，以成其违，不恤后人，暴虐淫纵，肆行非度，无所还忌，不思谤讟，不惮鬼神，神怒民痛，无悛于心。其祝史荐信，是言罪也；其盖失数美，是矫诬也。进退无辞，则虚以求媚，是以鬼神不飨，其国以祸之，祝史与焉。所以夭昏孤疾者，为暴君使也，其言僭嫚于鬼神。"公曰："然则若之何？"对曰："不可为也。山林之木，衡鹿守之；泽之萑蒲，舟鲛守之；薮之薪蒸，虞候守之；海之盐蜃，祈望守之。县鄙之人，入从其政；偪介之关，暴征其私；承嗣大夫，强易其贿；布常无艺，征敛无度；宫室日更，淫乐不违。内宠之妾肆夺于市，外宠之臣僭令于鄙。私欲养求，不给则应。民人苦病，夫妇皆诅。祝有益也，诅亦有损。聊、摄以东，姑、尤以西，其为人也多矣！虽其善祝，岂能胜亿兆人之诅！君若欲诛于祝史，修德而后可。"公说，使有司宽政，毁关去禁，薄敛已责，公疾愈。

⑭ 这三个时间都是公元前 500 年。

⑮ 齐景公姓姜，名杵臼。
⑯《孔子家语·相鲁》：定公与齐侯会于夹谷，孔子摄相事，曰："臣闻有文事者必有武备，有武事者必有文备。古者诸侯并出疆，必具官以从，请具左右司马。"定公从之。至会所，为坛位，土阶三等，以遇礼相见，揖让而登。献酢既毕，齐使莱人以兵鼓噪，劫定公。孔子历阶而进，以公退，曰："士，以兵之。吾两君为好，裔夷之俘敢以兵乱之，非齐君所以命诸侯也。裔不谋夏，夷不乱华，俘不干盟，兵不逼好。于神为不祥，于德为愆义，于人为失礼，君必不然。"齐侯心怍，麾而避之。有顷，齐奏宫中之乐，俳优侏儒戏于前。孔子趋进，历阶而上，不尽一等，曰："匹夫荧侮诸侯者，罪应诛，请右司马速刑焉。"于是斩侏儒，手足异处。齐侯惧，有惭色。将盟，齐人加载书曰："齐师出境，而不以兵车三百乘从我者，有如此盟。"孔子使兹无还对曰："而不返我汶阳之田，吾以共命者亦如之。"齐侯将设享礼，孔子谓梁丘据曰："齐鲁之故，吾子何不闻焉？事既成矣，而又享之，是勤执事。且牺象不出门，嘉乐不野合，享而既具，是弃礼也。若其不具，是用秕稗也。用秕稗，君辱；弃礼，名恶。子盍图之？夫享，所以昭德也。不昭，不如其已。"乃不果享。齐侯归，责其群臣曰："鲁以君子道辅其君，而子独以夷狄道教寡人，使得罪。"于是乃归所侵鲁之四邑，及汶阳之田。

老师的罢官

鲁定公凯旋回国,自以为是全鲁国最开心的人了。但事实上,他只是第三高兴的而已——排在头一名的,是曾经的汶阳县县长,下岗多年的他竟忽然间实现了再就业,欢喜得痰迷了心窍,当时便昏死过去。在家躺了半个多月,仍不见好转,只好一命呜呼去了。

而排在欢喜榜次一名的,是鲁国时任的财政大臣——季桓子。季桓子的喜乐,与他的曾祖父季文子有着很大的关系。

虽然季文子已经去世了多年,但他活着的时候却是个闻名天下的秃子。在周定王十七年,鲁成公元年①

的冬天，当时的齐国国君齐顷公也搞了一次诸侯会盟。秃着头的季文子便代表鲁国出席，同时参加的，还有晋国的郤克，卫国的孙良夫和曹国的公子手。

也是凑巧，这另外三位使者也都有着令人瞩目的毛病：郤克坏了一只眼，孙良夫瘸了一条腿，而公子手则是个驼背。齐顷公是个很有幽默感的人，所以他从外交部里搜了个遍。专门派了个秃子去接待秃子，派了个一只眼去接待一只眼，派了个一条腿去接待一条腿，派了个驼背去接待驼背。齐顷公则站在高台上指着他们大笑，害得季文子在台下气得又掉了几根头发。②

而这次夹谷之会的大胜，季桓子视作是一雪了曾祖父的耻辱，故很想感谢孔子一番。但无奈老师的官职已经升到了尽头，于是便盯上了陪老师一起出访的子路大师兄，回来就给了他一个重要头衔③，在部里位置仅次于季桓子和做财政部首席秘书的公山弗扰④。

大师兄的这次提拔，令冉有师兄非常眼红。冉师兄自小便立志要做财政大臣，而子路大师兄算术不如自己，礼仪也不如自己，弹琴更是不如自己——单因为陪老师出了趟国，就混成了财政部要员，实在是德不配位。

为此，冉有师兄每天都给子路的饭盒里少放一块大排，以表抗议。但大师兄这两天净忙着吹牛，哪里顾得上吃饭。另外，几天之后，大师兄就领到了鲁国官员食堂的饭票，所以他根本就没发现冉师兄对他的"警诫"。

不过，子路上任之前，还是先跟老师请示讨教了一番："老师，虽然我曾经在楚国做过官，但那已是二十多年前的事了，现在让我即刻上任还真有些心里没底。所以就想问问老师，当官从政，怎么才能让国君满意我呢？"

这句话问得老师很不开心："怎么？你小子以为当

官就是去讨好国君的吗？我告诉你，侍奉国君，别想着天天说假话讨他高兴；只要他犯了错，就必须直言劝诫，只有惹他生气，这才算得上是'忠'！"⑤

大师兄刚张口就挨了教训，所以对待下一个问题他便谨慎得多了："那老师，我从政之后，该怎么带领百姓呢？"

老师却似乎还是不很高兴："别老想着带领别人，有什么事，自己先做；有什么累，自己先受。这样还怕别人不跟着你吗？"

大师兄不知道该不该再说点什么，但又觉得一句话不说又不好："这样就可以了吗？"

老师为他的提问画上了句号："你先坚持做好我说的就不错了，还嫌太简单了么？"⑥

子路大师兄就这样挨了一顿教训后，上了任。而他所执行的第一项政策，便是配合老师"隳三都"。

这里，就又要先解释一下什么叫"隳三都"。前文中我们讲过,鲁国有三大家族,依次排来,是季孙氏、孟孙氏和叔孙氏,合称为"三桓"。长久以来,他们三个家族一直把持着鲁国的政坛,而鲁国国君却毫无实权,仿佛一个摆设。

举例来说,那鲁定公的大哥鲁昭公,就是因为得罪了季桓子他爹季平子才给三桓联手赶出国去的。

那次是鲁昭公祭祖,按着周礼:天子祭祖,是要跳八佾舞的,也就是横八纵八,共六十四个人的舞蹈;诸侯祭祖,降一等,改跳六佾舞,也就是横八纵六,四十八个人的舞蹈;大夫再降一等,为四佾舞,共三十二人;士最低,只能跳二佾舞,也就是十六个人。

但鲁昭公祭祖的时候一看,自己的祭台上竟只有十六个人在上面跳,离着六佾还差着四佾——堂堂的侯爵竟沦为了"士"的档次!鲁昭公顿时火冒三丈,把舞蹈演员抓来一审,才知道另外三十二个人早被季平子调走了——季平子把他们和自己的乐队凑了个整,正在家里使着天子的架势，跳八佾舞祭祖呢。⑦

这消息更是给鲁昭公的火上又添了桶油，马上带兵杀去了季平子家。季平子也是疏忽大意，平时对鲁昭公欺负惯了，没想到兔子急了还真咬人，所以家里毫无防备。幸好自己爱好排场，曾盖了一座高塔。他便随即关了大门，躲在塔顶上不下来。

这里又要插一句实话：能让三桓放心交给鲁昭公指挥的兵，当然不会是什么好兵。因此，他们既攻不到塔里去，射箭又只能射到塔的一半高，双方只好僵持在了这里——鲁昭公上不去，季平子下不来。

但首先认怂的，却是季平子。毕竟高塔里空荡荡的，虽然十分妥当安全，但到了饭点也难免肚饿。所以季平子妥协道："国君一定是听了小人的谗言，才怪罪于我。但我不喊冤，我乖乖认错。只求国君能现在退兵。我愿意自我放逐到沂上，作为惩罚。"但鲁昭公现在正在气头上，果断回绝了这一请求。

季平子见状,只好又提高了价码:"那国君您看,如果换成把我软禁在费城⑧,永不出界呢?"鲁昭公依旧没有同意。

季平子实在饿得没办法,终于亮出了底牌:"那我们这样,请国君准我带五辆马车流亡国外,从此再不回鲁国。只求国君能现在退兵。"

鲁昭公的近臣子家驹这时赶忙劝道:"国君,我们还是赶快答应他吧。眼看天要晚了,季孙氏家兵可不比我们少,万一他们集结打来,我们完全不是对手。再说,达成现在的条件,对您是胜利,对他也体面。还请国君三思。"

眼瞧着这事就将圆满解决,但这世上总有那么些专爱在最后关头坏事的人。这次的罪魁祸首叫作郈氏,也是鲁国的贵族之一。而他和季平子却有着"世仇":

早先他俩其实是好朋友,因为他们都爱斗鸡,只不过斗来斗去,老是季平子输。所以季平子就想了个办法，他给鸡的羽毛抹上芥子粉，这样郈氏的鸡只要沾上就会辣瞎眼睛，败下阵来。如此郈氏当然不服，于是他也给鸡装上铜爪子，这样只需一挠，即可一招致命。但最终证明季平子是个输不起的人，因为他专门为此派兵去打了郈氏，占了他们家好大一块地，之后再也不跟他斗鸡了。

为此，郈氏一直对季平子怀恨在心，等到今天终于有了机会报仇："国君，您可不能听子家驹的。季孙氏他僭越享受这可是大罪，况且还欺负了您。对这种反贼，那是非杀不可！至于说兵力问题，国君不必担心，我这就给您向孟孙氏和叔孙氏借去。有着这两家帮忙，不怕打不过他们季家。"

鲁昭公一听，非常高兴，就回绝了子家驹的提议，转而派郈氏去向孟孙氏和叔孙氏借兵。最终兵的确是借来了，可他们却倒戈站在了季孙氏的一边。倒是他们三家联手，把鲁昭公给赶到国外流亡去了。

季平子之围这就算是解了，可大夫驱逐国君的事传出去总是不太好听。所以三家又把所有的罪状都怪在了郈氏一人身上，做出官方声明如下：

本次鲁国君臣的误会，背后全是郈氏一人之罪。全因他挑拨国君与季孙氏之间的矛盾，致使双方失和，其罪当诛。如今，鲁君为学习强国之法，已赴齐国做长期考察。幸而有三桓忠心耿耿，为鲁君看守社稷，逮住了郈氏这个乱臣贼子，当即就砍了他的脑袋，才给这场闹剧画了个圆满的句号。望后世鲁国君臣都能以之为戒。⑨

自此以后，三桓也吸取了教训。事情刚解决，就回去把自己封地里都城的城墙修得又高又厚，护城河也挖得又深又宽，就怕鲁君哪天从国外借兵杀回来。而这三座坚实的都城，分别是季孙氏的费城、孟孙氏的成城和叔孙氏的郈城——鲁国百姓把它们统称为"三都"。

然而，人算究竟不如天算。用我小师弟曾参的话来说"出乎尔者，反乎尔者也"[10]。所谓万乘之国，弑其君者，必千乘之家；千乘之国，弑其君者，必百乘之家。万取千焉，千取百焉。这取来取去，最后就取到了三桓自己头上。

还没过几年，刚到了季桓子的年代。就不单是鲁国国君没有权力，连三桓自己，也被他们手底下的家臣给架空了。而这些家臣，又都常驻在"三都"办公，倒是三桓自己天天住在曲阜城里。天长日久，那曾经用来防备鲁君的城墙，逐渐变更了作用，改为被家臣们用来防备三桓自己了——上次季桓子回家，还被迫付了公山弗扰五十个金贝壳，才被准许进城。

对此，三桓们忧心忡忡，一筹莫展。老师便适时地提出了"隳三都"的方案——简而言之，也就是：我来帮各位拆城墙嘛。

老师的这一政策，一方面是为三桓解决家臣的问题。但另一方面，也想同时借之削弱三桓的势力，毕竟没了这些城墙，三桓自己也丢了防护，不至于雄踞一方。

现在，拆城墙的计划有了，其施行起来也必然要按照事物发展的基本规律。所以便先从最弱小的叔孙氏开始，果然，叔孙氏的家臣毫无抵抗，乖乖配合地就拆了郈城的城墙，还用建筑垃圾填平了护城河。干干净净，一马平川。

季桓子看原来拆城墙这么简单，马上就窝不住火地要去拆自家的费城。结果却跟他老爹一样，季桓子刚到城下，就被公山弗扰带兵给打到自家高台上躲着去了。子路大师兄见状，也是赶快去借兵。我们的孔老师随即带兵去救，刚一交手，公山弗扰便也赴齐国长期考察去了[11]。费城这才算是"隳"成了。

最后，轮到了孟孙氏。当时孟孙氏的家长是孟懿子，前文中我们讲过，他是个对老师满怀戒心的人。

如今老师竟要拆他家的城墙,他更是疑虑重重。而孟孙氏的家臣公敛处父也是个精明人,看透了老师"隳三都"的本意,马上趁机劝道:

"主公,孔丘这次拆城墙,表面上是为了您好,但背后就是针对您啊。主公您想想,拆了成城的城墙,对我公敛处父又有什么损失呢?我不过就是一个替主公看家的,是留是去全靠主公一句话。但您就不一样了,您世代的家业可都在这里。如果没了城墙保护,鲁君可是随时都能带兵打来。有句话说得好'赵孟之所贵,赵孟能贱之'⑫,主公还是留个防备,谨慎小心为好。"

孟懿子一听,如梦初醒。马上报告鲁定公:"国君,我虽然非常赞同孔先生'隳三都'的政策。但事情不能一概而论,还是要考虑到,我的成城与费城和郈城都很不同,成城可是地处在齐鲁的边界。如果贸然拆毁城墙,未来一旦齐鲁有了边衅,那吃亏的可是我们鲁国。所以还是请求国君给我一个为国保卫边疆的机会!"

鲁定公对此当然很不高兴,心说我刚和齐国签了和约,你就咒我们齐鲁交恶。于是亲自带兵包围了成城,但围了十几天也没制定出一个能成功渡过护城河的方案,而城内却照样日日歌舞升天,定公技穷只好退兵。成城的城墙,就这样给保住了。⑬

老师的政策没能贯彻执行,也终是留了个后患:

季氏的头号家臣公山弗扰逃去了齐国,子路大师兄当然顺理成章地接了他的班,升任为了财政部首席秘书。但公山弗扰同时空出来的,还有费城县长的这么一个职务——而季桓子是再也不放心让头号家臣兼任这一岗位。

因此,子路本想推荐小师弟高柴去试一试。高柴字子羔,那时才刚十五岁,长得又矮又丑⑭。但大师兄却挺偏爱于他,十余年后,还专门带了他一起去卫国从政。

同以往一样,老师对大师兄的这一提议又投了否决票。他认为高柴一来还太年轻;二来脑袋有点愚直,不会变通⑮,去季氏那里当官定会受人欺负。所以拒绝道:"不行,高柴还得再跟着我读读书。"

子路大师兄随即又不开心了:"老师,在这世界上,有人民,有社稷。书里能有什么呢?我看高柴跟你读书,还不如跟我去社会上闯荡学得快呢!"

老师应声发了怒:"你这种人就只会教坏别人小孩,快给我闭嘴!"⑯

子路大师兄的计划就此终止。季桓子只好通过社会招聘,才招来了一个叫公伯寮的人。论聪明而言,他的确比高柴要高明得多,可他却不肯把聪明用在正路上,总瞧不得别人比自己好。所以他的首要计划就是把子路搞下来自己取而代之。因此,他三天两头地跟季桓子告状,说子路和孔老师两个人总撺掇着要害他,之前的拆费城就是一例。季桓子虽说一直不置可否，但心里总是起了怀疑。

花开两朵，各表一枝。介绍完了费城的新县长，也该讲讲老县长的遭遇了。公山弗扰逃去齐国，结果又给齐国人抓起来审了一审。听闻鲁君不但重用了孔子，还重用了子路，更由着他们使性子拆三桓的城墙。齐国上下又慌了起来。

操心的黎鉏再一次上报了齐景公："国君啊，现在鲁国重用孔子，对我们齐国的威胁很大啊。还是得尽早点把他赶走比较好。对此，我倒是有个计划：我们齐国的美女天下闻名。我们派些美女去鲁国使使美人计，再吹吹枕边风。不怕鲁君不疏远那孔老头子。"

齐景公一听："准了！去办！"

景公一声令下，三十辆宝马雕车载着十六位美女便驶向了鲁国。但这车总不能直接就开去鲁定公家里——这样太明显了容易一下被鲁定公识破。所以她们先在曲阜城外驻扎下来，摆起了舞台，每天歌舞升天，鼓瑟吹笙。

不出三天，全曲阜城的人都知道齐国来了个女子乐团，不但人长得好看，还能歌善舞，又唱又跳。每天一早，舞台四周就挤满了半径为二里地的人，只为了看她们演出。

这样的消息，鲁定公当然是不会错过的。但作为一国之君，出宫总不那么方便。所以他只好拜托季桓子："老季啊，帮寡人一个忙。你乔装打扮一下，去城外看看美女，别给人认出来了，回来跟我讲讲也好嘛。"

鲁定公的这一嘱托实在是多此一举，季桓子早都去过不知道多少回了："国君，我知道一条小路能通过去，一路上都没人。不如国君也装成老百姓的模样，我带国君直接去看看？"

鲁定公听闻，大喜："准了！去办！"

看罢归来，鲁定公越想越开心。托人去找了女子乐团的老板，花了两百个金贝壳把她们十六个全买了来。为表感激，还慷慨地分了季桓子八个。自此两人就再也不上朝了。

对这个事儿，头一个不满的倒不是老师，而是大师兄。他怒气冲冲地推开了老师办公室大门："老师！你曾说过，只有国家有道的时候才能当官；要碰上国家无道还厚着脸皮做官的，那就必定是无耻之人了。⑰这鲁君和季氏，现在天天和一帮歌女们混在一起，明摆着一个昏君一个奸相！老师您是个脸皮薄的人，我看咱俩得赶快辞官，免得以后遭别人笑话了你又嫌丢人！我大舅哥现在就在卫国当大官，我们去他那呆几天我觉得也挺好。"

但老师却有一些犹豫，毕竟他之前就试过一次去鲁赴齐，明白这天下的君其实都差不多地"昏"。即便出国，所受的待遇也不会有多大不同——这些诸侯们个个都知道重用老师能使国家强大，但却都没有这个动力。毕竟这是一个比差的社会——只要别人也浑浑噩噩，那我何必费那个劲励精图治呢？还是自己快活最重要嘛！真碰上隔壁邻居想上进了，拉他一起下水去蹉跎还不简单么。既然如此，与其往外面跑，还不如就在鲁国呆着呢。

所以他说道："仲由，你先别着急。马上鲁国就要郊祭了，按着规矩。鲁君会给最亲近的大臣馈赠祭肉，如果到时候真的没有我们的祭肉，再走也不迟吧。"

也不知怎么回事，老师和大师兄的这段对话给公伯寮听去了。而他即刻添油加醋地汇报给了季桓子，尤其在"奸相"和"歌女"这两个词上做了精彩的发挥。季桓子一听，当年的祭肉果然就没有分给老师。⑱

但又不知怎么回事，公伯寮和季桓子的对话又给子服景伯听去了。子服景伯是个颇有地位的鲁国大夫，性子急脾气暴。他也怒气冲冲地推开了老师办公室大门："孔先生！您知道公伯寮那小子多坏么！就是他捣鬼您才没分到祭肉的。不过不要紧,只要孔先生您一句话,我这就派人把他抓来砍头!我还不信我治不了他。"

老师虽然生气,但却有着别一番见解:"我的道,其将行也与,命也;其将废也与,命也。如今失败,也是天命的选择。天命哪是一个小小的公伯寮所能左右的呢?子服先生也就由他去吧。"⑲

第二天,老师就向鲁定公递交了辞呈,鲁定公也毫不挽留:"孔先生这次看来是去意已决,但您是鲁国的大圣人。寡人求您在走之前,再留下一句话供我未来学习。那么,有什么话,短短的一句,却能兴邦的吗?"

老师对曰:"国君,言语的力量是不可小看的啊。古人有句话,'为君难,为臣不易'。如果国君能理解为君之难,那么离兴邦就不远啦。"

定公继续追问:"那么有另外一句话,短短的一句,就能丧邦的吗?"

老师对曰:"国君,言语的力量是不可小看的啊。古人还有这么一句话,'当国君可是真快活,全国的人没有一个敢违抗我'。如果国君您以这句话为乐,那么离丧邦也就不远咯。"[20]

定公撇了撇嘴,似乎还是觉得老师有点啰嗦,又不知该怎么尽快结束这一场对话,只好挥了挥手:"得了,孔先生保重。"

老师就这样,顺顺利利地罢了官。终于了结了他占卜算命得来的"不义富贵"。后来老师回想起来,也自嘲道:"看来我还是挺有本事的,别人算个'贲'卦,最多也就是地上捡个钱包。我可是当了好几年的大官呢。"

注释:
① 公元前590年。
②《春秋穀梁传·成公元年》:冬,十月。季孙行父秃,晋郤克

眇，卫孙良夫跛，曹公子手偻，同时而聘于齐。齐使秃者御秃者，使眇者御眇者，使跛者御跛者，使偻者御偻者。萧同侄子处台上而笑之。闻于客，客不说而去，相与立胥间而语，移日不解。齐人有知之者，曰："齐之患，必自此始矣！"

③ 即季桓子的家臣。

④ 又称公山不狃，季桓子的一号家臣。

⑤ 《论语·宪问》：子路问事君。子曰："勿欺也，而犯之。"

⑥ 《论语·子路》：子路问政。子曰："先之劳之。"请益，曰："无倦。"

⑦ 《论语·八佾》：孔子谓季氏，"八佾舞于庭，是可忍也，孰不可忍也？"

⑧ 费城为季孙氏封地的都城。

⑨ 《史记·鲁周公世家》：季氏与郈氏斗鸡，季氏芥鸡羽，郈氏金距。季平子怒而侵郈氏，郈昭伯亦怒平子。臧昭伯之弟会伪逸臧氏，匿季氏，臧昭伯囚季氏人。季平子怒，囚臧氏老。臧、郈氏以难告昭公。昭公九月戊戌伐季氏，遂入。平子登台请曰："君以谗不察臣罪，诛之！"请迁沂上，弗许。请囚于鄪，弗许。请以五乘亡，弗许。子家驹曰："君其许之。政自季氏久矣，为徒者众，众将合谋。"弗听。郈氏曰："必杀之。"叔孙氏之臣戾谓其众曰："无季氏与有，孰利？"皆曰："无季氏是无叔孙氏。"戾曰："然，救季氏！"遂败公师。孟懿子闻叔孙氏胜，亦杀郈昭伯。郈昭伯为公使，故孟氏得之。三家共伐

公,公遂奔。己亥,公至于齐。齐景公曰:"请致千社待君。"子家曰:"弃周公之业而臣于齐,可乎?"乃止。子家曰:"齐景公无信,不如早之晋。"弗从。叔孙见公还,见平子,平子顿首。初欲迎昭公,孟孙、季孙后悔,乃止。

⑩ 出自《孟子·梁惠王下》。

⑪ 这似乎形成了一个与季孙氏为敌交战的套路模式。公山弗扰的前任,阳虎先生也是叛变季孙氏失败后流亡齐国。

⑫ 赵孟是春秋时代晋国的正卿赵盾,字孟。赵孟可以说就是权势的象征。这句话出自《孟子·告子上》,意思是:赵孟(权势)所能给你的富贵,他随时随地都能收回去让你一文不值。

⑬《史记·孔子世家》:定公十三年夏,孔子言于定公曰:"臣无藏甲,大夫毋百雉之城。"使仲由为季氏宰,将堕三都。于是叔孙氏先堕郈。季氏将堕费,公山不狃、叔孙辄率费人袭鲁。公与三子入于季氏之宫,登武子之台。费人攻之,弗克,入及公侧。孔子命申句须、乐颀下伐之,费人北。国人追之,败诸姑蔑。二子奔齐,遂堕费。将堕成,公敛处父谓孟孙曰:"堕成,齐人必至于北门。且成,孟氏之保鄣,无成是无孟氏也。我将弗堕。"十二月,公围成,弗克。

⑭《孔子家语·七十二弟子解》:高柴,齐人,高氏之别族,字子羔,少孔子四十岁。长不过六尺,状貌甚恶。

⑮《论语·先进》:柴也愚。

⑯《论语·先进》:子路使子羔为费宰。子曰:"贼夫人之子。"子

路曰:"有民人焉,有社稷焉,何必读书,然后为学?"子曰:"是故恶夫佞者。"

⑰《论语·宪问》:宪问耻。子曰:"邦有道,谷;邦无道,谷,耻也。"

⑱《史记·孔子世家》:齐人闻而惧,曰:"孔子为政必霸,霸则吾地近焉,我之为先并矣。盍致地焉?"黎鉏曰:"请先尝沮之;沮之而不可,则致地,庸迟乎!"于是选齐国中女子好者八十人,皆衣文衣而舞《康乐》,文马三十驷,遗鲁君。陈女乐文马于鲁城南高门外。季桓子微服往观再三,将受,乃语鲁君为周道游,往观终日,怠于政事。子路曰:"夫子可以行矣。"孔子曰:"鲁今且郊,如致膰乎大夫,则吾犹可以止。"桓子卒受齐女乐,三日不听政;郊,又不致膰俎于大夫。孔子遂行,宿乎屯。而师己送,曰:"夫子则非罪。"孔子曰:"吾歌可夫?"歌曰:"彼妇之口,可以出走;彼妇之谒,可以死败。盖优哉游哉,维以卒岁!"师己反,桓子曰:"孔子亦何言?"师己以实告。桓子喟然叹曰:"夫子罪我以群婢故也夫!"(按,《史记·孔子世家》,今本《孔子家语》言女乐人数为八十,疑不确。《太平御览》引《孔子家语》为"二八",即十六人,正是古代乐舞二佾之数,也符合古代赠送之礼,当从。)

⑲《论语·宪问》:公伯寮愬子路于季孙。子服景伯以告,曰:"夫子固有惑志于公伯寮,吾力犹能肆诸市朝。"子曰:"道之

将行也与，命也；道之将废也与，命也。公伯寮其如命何？"
⑳《论语·子路》：定公问："一言而可以兴邦，有诸？"孔子对曰："言不可以若是其几也！人之言曰：'为君难，为臣不易。'如知为君之难也，不几乎一言而兴邦乎？"曰："一言而丧邦，有诸？"孔子对曰："言不可以若是其几也。人之言曰：'予无乐乎为君，唯其言而莫予违也。'如其善而莫之违也，不亦善乎？如不善而莫之违也，不几乎一言而丧邦乎？"

子路的助人

老师辞职在家,本想清闲几日,但子路大师兄却毫不给他机会,每天都来跟老师讲半天"天下有道则见,无道则隐"①的道理。老师当然很是委屈,说我官都已经辞了,你小子还想让我怎么"隐"。

子路解释道:"老师啊,您曾说过'贤者辟世,其次辟地'②。即便说现在您还谦虚,不肯做个'贤者',那也总不至于连'其次'都不如吧。你看你辞官回家,但还在鲁国赖着不走。一天天闲待着,都胖了快一圈。③莫非真要等着鲁君来赶吗?我看我们还是早点上卫国去找我大舅哥为好。这季孙斯④和公伯寮最近正一起盘算着怎么找您麻烦呢！到时候走晚了，你这师父天灵盖，一削就作两个瓢。"

老师听完，更加心烦。每天都躲在屋内，就怕在哪撞着大师兄，再得受这般"恐吓"——但这一计划却也终于失败：大师兄最后满校园里寻不到老师，竟直接去家里砸门，我们的孔老师再怎么躲也没有用。

直到一周之后，子贡师弟突然从国外归来，老师才终于得救。当年老师升官做上了大司寇，子贡师弟便告辞说要出去闯闯天下。当时老师还有些不高兴，认为他学都没学扎实，就耐不住性子要往外跑，怕是出去要吃苦头。但如今子贡师弟似乎在国外赚了大钱，因为他光随行的车队就排了半里多地长。

至于说子贡师弟靠什么赚了大钱，他也跟我们解释过。但即便是祖上世代经商，我也还是一点都没听懂。似乎隐约记得他卖的是一种叫"期货"的东西，但它一会是大米，一会是高粱，有时候还是玉石。所以我也搞不清楚它到底是个什么，总之搞这行很能赚钱就对了。

虽说子贡师弟这次风光满满，衣锦还乡，但老师仍然不是很高兴："端木赐，你小子本来就学艺不精，这下赚了钱怕是更不会好好学习咯。"

在老师看来，子贡师弟的脑子还是该用来研究这宇宙的大道才对——而且很有可能会比自己取得更大的成就。像他现在这样一直钻研于形而下的世俗世界，实在是太过浪费了。

但老师也同时慨叹："唉，你说你颜回师兄，每天好好学习，志向高远，却穷得要死，吃不饱饭；但你端木赐呢，天命降给你的大任你不肯承担，把聪明全用到猜测市场行情上去，还可恶，竟然每次都能算对！混得个富可敌国。这上天也实在是不长眼啊。"⑤

不过，在我看来。上天的眼神应该还是挺好的。他只是矜持固执了一点，所以才不愿让我们轻易参透他的大道,更是专门设下重重阻碍,让追求他的穷困潦倒,让放弃他的倒得富足,以考验追求者的心诚与否。当然,这是颜渊和子贡他们才玩得起的游戏,我就算是心再诚估计也是一无所得。

撇去老师的慨叹不谈,子贡师弟回来还挨了顿老师的臭骂。虽然我是觉得小师弟他一点都没做错:

这次子贡师弟回学校,还顺道搭救了几个被人贩子卖去他国当苦力的鲁国人,花了大价钱给他们赎身。

同时,鲁国有这么一个政策:无论是谁,只要在国外搭救了被贩卖的鲁国人。回国之后,即可凭收据去政府机关报销,还能领取两倍的奖金。但子贡师弟刚刚赚了大钱,又是个品行高尚的人,当然不会屑于去领这个奖金。

于是在被救回的那几个鲁国人的传扬下,全曲阜城都称赞子贡是个"义人",甚至已经把他列为明年鲁国优秀模范人物的候选人之一。但滑稽的是,这样的好事传到老师耳朵里却导出了一个截然不同的结论:"端木赐啊!你可是闯大祸了!我说你学习没学好吧。"

然而,对于这一个论断,不但我们这些愚顽人一头雾水。连子贡和颜回这样的聪明人也是毫无头绪。⑥老师看我们一个个呆头呆脑地不明所以,只好耐着性子跟我们解释:

"端木赐,你可是树了一个很坏的榜样啊。哪怕你这次真的去领了赏金,也丝毫不会有损于你的德行,而那些被救的人也照样感激你。但你偏不肯去领,反倒是给后来人出了个大难题。

"你想,不是所有人都像你这么有钱,而救人的赎金又不是一笔小数目——所以别人在付赎金之前就会先考虑一个问题:我之后要不要回国领奖赏呢?如果去领,那么我的邻居朋友一定说我是个贪财的小人,因为之前有个叫子贡的君子,救了人之后就不求报酬。既然他不求,那我也不该求。可是呢,那个混蛋子贡又比我有钱得多,他付这笔钱自然舍得,可你让我哪来这么多的闲钱去救人!

"如此一权衡,最后的结果当然就是:算了!不管了!多一事不如少一事,这样既不会被邻居说,又不至于舍不得钱。所以,之后如果再有鲁国人被卖去国外,估计不会有人去救了,这可全都要怪在你端木赐头上!"

想不到子贡师弟赚了大钱,做了好事还要挨骂。这给子路大师兄提了个醒,因为他第二天也救了个人。

那天大师兄正走在去例行教育老师的路上,没成想半路救起一个落水的小朋友。小朋友的父母非常感激,硬是要送给子路一头牛作为报答。子路客气了几番,但转念一想昨天老师骂子贡的话,便牵着牛来了学校。

老师见状一惊,还以为子路要让自己学老子骑牛出关避世。但一打听,才很高兴地把我们又都叫在了一起,头一次大大方方地表扬大师兄:"仲由这次做得就很对嘛,以后鲁国人看到落水者就都会去帮忙啦!"⑦

大师兄难得得了一次表扬,又得意得忘了形。同时忘了的,还有对老师赶快去卫国的"劝诫"。那么,这一难题又得轮到子贡师弟来解决了。

注释:
① 出自《论语·泰伯》,即,国家有道便出来做官,国家无道便辞官隐居。
② 出自《论语·宪问》,即,贤者躲避乱世而隐居,次一等的则择地而处。
③《论语·述而》:子之燕居,申申如也,夭夭如也。
④ 季桓子,名斯,谥号为桓。
⑤《论语·先进》:子曰:"回也其庶乎,屡空。赐不受命,而货殖焉,臆则屡中。"
⑥ 颜回的人生理想便是,"愿无伐善,无施劳"。(《论语·公冶长》)即,不吹嘘自己的善行,不表白自己的功劳。
⑦《吕氏春秋·先识·察微》:鲁国之法,鲁人为人臣妾于诸侯,有能赎之者,取其金于府。子贡赎鲁人于诸侯,来而让,不取其金。孔子曰:"赐失之矣。自今以往,鲁人不赎人矣。"取其

金则无损于行，不取其金则不复赎人矣。子路拯溺者，其人拜之以牛，子路受之。孔子曰："鲁人必拯溺者矣。"孔子见之以细，观化远也。

卫公的爱好

子贡师弟挨完老师的骂,马上就回去花钱摆了个大场合,办了场"鲁国助人奖金颁奖仪式"。他还专门请来了其他几位最近赎人回国的大善人。在曲阜城的各界贤达及市民代表的见证下,子贡与他们共同接受了鲁国政府颁发的奖金。现场一片欢乐热闹。

但自那以后,鲁国的舆论马上调转了方向,痛批子贡是"虚伪贪婪的大财主"。

鲁国的百姓也一个个忽然都变得高尚了起来,尤其都要比子贡高尚。连胡同口的煎饼大妈也赶潮流地恨恨说道:"你看端木家那小子,钱是赚了不少,结果花起来还没我大方呢！所以真是越有钱的人越抠，才救了几个鲁国人就巴巴地去领赏钱——还不是把救人当生意做！咦——我都替他臊得慌。"

而那些大善人们，也在第二天发了一个联合声明，撇清自己与子贡的关系，声称当天颁奖仪式之前，大家都以为参加的是一慈善募捐活动。等到了现场，才发现去了是拿钱而不是送钱——当时大家就很失落。但至于所领的奖金，由于流程问题，现已再无法退还给政府，只好先惭愧地收下，日后再择吉日全数捐出。

子贡看这事被自己越抹越黑，只好是"人不知，而不愠，不亦君子乎"[①]！但在曲阜城里待着或有麻烦，所以也想回卫国老家避避风头。看大师兄最近天天催老师去卫国，他便一同参与进来："老师，您的心思瞒得过大师兄，但瞒不过我。我可是清楚得很。您自己是很想去卫国，但又舍不得我们这些学生，正矛盾着吧。我知道，老师您一人去卫国肯定是没有经济上的压力，但很多同学却负担不起。所以您别担心，这次整个学堂去卫国的费用我全包了！"

老师这回非常高兴，当时就认可了子贡师弟的提议。第二天对外宣布：学堂要组织优秀同学一起去卫国考察，费用全免，包吃包住，还包往返的马车票。刚接到这一通知，我还有些忐忑，怕自己只能算是"良好"或者"中上"。但后来一看分数线拦得很松，旋即欢欣鼓舞，回家就收拾好了包裹和众师兄一起等着上路。

一周之后，全体启程，季桓子虽然对老师耿耿于怀，但也还是专门派了家臣师己来为我们送行。只不过欢乐之下，在场的所有人里，却独有老师一人明白，这一走是再难回头。最终，这一考察也的确花了整整十四年才重回鲁国——所以我们的子贡师弟是真有钱。

一路上，我们分组坐在子贡师弟那半里长的马车队里。惊蛰刚过，万物复苏。满树的桃花塞满了道路两旁，可它们香也不愿意香，只是自顾自地粉着。这样倒也挺好，愿意看了睁眼瞧上几眼，不愿意看了闭上眼就忘了它的存在。但两旁的农家就没有我们这样清闲了，应着布谷鸟的鸣啼，他们开始了今年的劳作。

在车上懒了七八天，马儿就带着我们晃荡进了卫国的都城帝丘。闲散了一路，进城后赶忙正了正衣冠，坐了坐直，免得被人笑话。帝丘城里人来人往，川流不息。老师于是非常高兴："看来卫国国君水平很不错嘛，不然城里哪能有这么多人呢！"

冉有师兄一贯是好学的，平时上课就是抢着坐第一排。这次出行当然也要抢着跟老师坐一辆车，所以他有机会紧接着问道："既然卫国人口已经不少了，那之后卫君还需做些什么呢？"

老师答："让他们富起来。"

冉有再问："那富起来之后呢？"

老师答："教育他们，让他们明理。"②

冉有师兄随即又一人去把这段问答研究了半天,当晚就写了篇感想出来。但却又不肯给我们看,直捂着说:"写得很不好呀!没什么好看的咯。"所以我们只能失去了这一深入学习的机会。

子路大师兄在卫国有两个做官的大舅哥,一个好一点,叫作颜浊邹;一个次一点,叫作弥子瑕。老师当然果断选择去了颜浊邹家拜访,请求他将自己引荐给卫君。

但同当年在齐国的时候一样,这样的选择总会得罪另一方。③孔老师这样的名人来访,弥子瑕这样的聪明人当然不愿错过这一蹭热度的机会。所以他请大师兄吃了顿饭,席间顺便许诺道:只要你们老师愿意受我的引荐,去拜会卫君,我保证他能做卫国的国卿。

大师兄是个没有心机的人,认为这是一个绝好的机会。回来就转告了老师,结果又被老师训了一顿:"我孔丘,进以礼,退以义。如果求之不得那也是天命如此，就一个国卿之位，还至于我去求人吗?!"④

子路挨了顿骂，回去就转怨为喜；但弥子瑕遭了拒绝，却牢牢记在了心里。

没几天，卫国的国君卫灵公，就经颜浊邹的推荐而邀请老师上朝去见他。经过了自我介绍、"你对我们卫国有些什么了解？"和"你为什么想来我们卫国？"这几个面试必须的环节之后，卫灵公直接步入了正题——"孔先生，您的期望薪资是多少呢？"

老师也并不客气："之前我在鲁国当大司寇的时候，鲁君给我年薪六万石小米。"

也不知卫灵公算小气还是大方，马上说道："行！那么我卫国也给你年薪六万石小米！恳请孔先生就常住在我们卫国吧。"⑤

卫灵公如此客气，老师当然是欣然应允。但事情的发展也的确如老师之前所料：这些诸侯都只是把老师当作一个吉祥物给供奉起来，正像一个只好看不好吃的大葫芦——就挂在墙上好看。⑥仿佛老师在哪个国家，哪个国家便直接掌握了真理。即使国家治理得再糟也不打紧。

而卫灵公亦是如此，所以他定下了一个规矩：每五天面见一次老师，与他客套一番治国大道，以显示自己热爱真理。但谈罢之后，继续我行我素，全身心投入在自己的爱好当中。

而卫灵公的爱好，讲来其实也很朴素。说得简单一点，就是好色！如果再解释说明一下——那是一好女色，二好男色。

不过他虽然好色，却又是个尤为专一的人，对两种"色"都只爱一个。女色的对象，叫作南子；而男色的对象，就是子路的大舅哥——弥子瑕。

首先，我们来讲讲女色。南子以卫国的审美来看，是一个标准的美女，长得又高又壮，大概的形状，大家去读读《诗经》里面的《硕人》便基本相差无几。

但对我这个楚国人而言,她的相貌是没有一点吸引力的。所以我就懒得多言,直奔主题,讲讲她的生活作风问题好了。

总的说来,南子在这一方面的名声并不大好。每有名人来到卫国,她都会召进宫去欣赏欣赏。除此之外,她还搞过一个大新闻。南子出嫁前,是宋国的公主。在来卫国之前,她就和她哥哥公子朝有绯闻。

待南子嫁来卫国之后,她依然不忘旧情。便天天跟卫灵公哭闹,吵着要见哥哥。卫灵公实在是被缠得无可奈何,只好趁着齐、宋、卫三国会盟的时候,专门要求宋国派公子朝来陪着南子约会。

后来会盟结束,卫国的太子蒯聩要去齐国换约,途经宋国。宋国的百姓见了他,都唱起了小黄歌:"你们的小母猪已经求好种了,是不是该把我们的小公猪还回来啦?"蒯聩听罢火冒三丈,当即丢下任务,掉头回国就要杀南子。结果竟失败,被他爹卫灵公给赶出国去了。⑦

而卫灵公的男色就更加出名,有个流行语叫作"余桃",讲的就是他与弥子瑕的故事。有天弥子瑕正在吃桃子,咬了一口,发觉自己从没吃过这么清甜爽口的桃子。便把它往袖子里一揣,跑着就献给了卫灵公。卫灵公也是接过就吃,边吃边夸:"这么好的桃子你都能忍住留给我,你是真的很爱我嘛!"

这则故事恕我粗笨鲁直,我是真没看出浪漫,只看出了恶心。而卫灵公本人也在随后赞同了我的观点——后来弥子瑕年老色衰。卫灵公一天瞧着他的老脸,回想起当年的"余桃",胃里泛起阵阵酸水。当即罢了他的官,再也不愿见他。⑧

但这些都是后话,当时的弥子瑕依旧英俊潇洒。所以一次卫灵公对他发了脾气,弥子瑕吓得三天都没来上朝。卫灵公为此还非常担心,专门在朝堂之上开了一场讨论会。会议的议题便是:弥子瑕会不会因为我对他发脾气而埋怨寡人呢？卫国的老臣史鱼憋了一肚子火："国君，你还没见过狗吗！只要喂它饭吃，想打想骂不都随你。这个弥子瑕不就是您的一条狗吗，狗哪有会记仇的！"⑨

史鱼先生的这句话说得还真不错，狗哪有敢怪主人的呢？但如果有别人来与自己争宠，那它护起食来可是又凶又奸。不幸的是，弥子瑕还就盯上了我们的孔老师，怕老师来卫国夺他的位子呢！

注释：

① 出自《论语·学而》，即：别人不了解我，而我却不生气，不是很君子吗？

②《论语·子路》：子适卫，冉有仆。子曰："庶矣哉！"冉有曰："既庶矣，又何加焉？"曰："富之。"曰："既富矣，又何加焉？"曰："教之。"

③ 见《老师的去齐》一章。

④《孟子·万章上》：万章问曰："或谓孔子于卫主痈疽，于齐主侍人瘠环，有诸乎？"孟子曰："否，不然也；好事者为之也。

于卫主颜雠由。弥子之妻与子路之妻，兄弟也。弥子谓子路曰：'孔子主我，卫卿可得也。'子路以告，孔子曰：'有命。'孔子进以礼，退以义，得之不得曰'有命'。而主痈疽与侍人瘠环，是无义无命也。孔子不悦于鲁卫，遭宋桓司马将要而杀之，微服而过宋。是时孔子当厄，主司城贞子，为陈侯周臣。吾闻观近臣，以其所为主；观远臣，以其所主。若孔子主痈疽与侍人瘠环，何以为孔子？"

⑤《史记·孔子世家》：孔子遂适卫，主于子路妻兄颜浊邹家。卫灵公问孔子："居鲁得禄几何？"对曰："奉粟六万。"卫人亦致粟六万。

⑥《论语·阳货》：子曰："然，有是言也。不曰坚乎？磨而不磷。不曰白乎？涅而不缁。吾岂匏瓜也哉？焉能系而不食！"

⑦《左传·定公十四年》：秋，齐侯、宋公会于洮，范氏故也。卫侯为夫人南子召宋朝，会于洮。大子蒯聩献盂于齐，过宋野。野人歌之曰："既定尔娄猪，盍归吾艾豭？"大子羞之，谓戏阳速曰："从我而朝少君，少君见我，我顾，乃杀之！"速曰："诺。"乃朝夫人。夫人见大子，大子三顾，速不进。夫人见其色，啼而走曰："蒯聩将杀余！"公执其手以登台。大子奔宋，尽逐其党。故公孟彄出奔郑，自郑奔齐。大子告人曰："戏阳速祸余。"戏阳速告人曰："大子则祸余。大子无道，使余杀其母。余不许，将戕于余。若杀夫人，将以余说。余是故许而弗为，以纾余死。谚曰：'民保于信。'吾以信义也。"

⑧《韩非子·说难》：异日，与君游于果园，食桃而甘，不尽，以其半啖君。君曰："爱我哉，亡其口味以啖寡人。"及弥子色衰爱弛，得罪于君，君曰："是固尝矫驾吾车，又尝啖我以余桃。"

⑨《郁离子·弥子瑕》：卫灵公怒弥子瑕，抶出之。瑕惧，三日不敢入朝。公谓祝鮀曰："瑕也怼乎？"子鱼对曰："无之。"公曰："何谓无之？"子鱼曰："君不观夫狗乎？夫狗，依人以食者也。主人怒而抶之，嗥而逝。及其欲食也，蒠蒠然复来，忘其抶矣。今瑕，君狗也，仰于君以食者也，一朝不得于君，则一日之食旷焉，其何敢怼乎？"公曰："然哉！"

老师的"艳遇"

虽说是弥子瑕率先记恨老师,但第一个来给老师找麻烦的,却是南子同学。当然,南子并非出于恶意,而是发自一贯对大名人的好奇。

所以卫灵公刚面试完老师,她就派人捎来了话:"卫国有这么一个自古以来的规矩:凡是愿意屈尊与为君交为兄弟的人,都需先让我国的寡小君①过过目。寡小君她非常希望能见见先生。"

俗话说:人嘴两张皮,反正都使得。舌头根子底下压死人,老师是个顾全脸面的人。南子她毕竟名声不好,加上子路大师兄在边上脸又拉得老长。老师只好扯了个谎:"抱歉抱歉,我最近或许是水土不服,患了感冒,怕传染给君夫人②。等我身体康复之后,一定前去拜访。"

但南子却又很淳朴天真,没有听出老师话里的拒绝。第二天让使者又捎带了一个郎中,再来邀请老师。郎中在老师身上研究了半天,仍然不敢妄下结论:"孔先生,我知道您是个正直的人。正直的人一定是不会撒谎的,可是我真的没在您身上查到一点儿毛病。不知道孔先生您到底是哪儿不舒服啊?"

虽然使者站在边上,但老师还是没忍住低声教育了一下郎中:"这就是您认识上的不对啦。真正正直的人,言不必信,行不必果,但做事必须坚持'义'。如果现在说真话会有损于'义',那正人君子是都会选择去说假话的。"

这个郎中虽说听出了老师话中有话,知道这是在鼓励他现在该做一个言不必信的"正人君子"。但他还是诚恳地低声回答道:"孔先生,您是有'义'撑腰。可我要是撒谎,被君夫人发觉了怪罪下来,是要掉脑袋的。还求您包涵。"说罢,转身回禀使者:"孔先生已经痊愈,可以赴君夫人之邀了。"

老师这下没了办法,只好自我宽慰:南子女士嘛,她那个年纪的确是有些危险,但我这个岁数就是个糟老头啦——所以她总不至于对我也有想法,这趟去应该还是安全的。这才跟着使者上了路。

果然,南子对老师一点兴趣都没有,此次会面不过是刷一个成就而已。从流程上讲:首先,老师被使者带进了宫廷,房子正中央拦了一道帘子。老师也不敢细看,大概猜测南子就在帘子对面,所以赶忙对着帘子施了一礼。还好帘子对面随后传来了环佩叮当的声音,证明老师没有猜错——不然还真显得像没见过世面一样。

但旋即,不等老师开口讲话,自己就又被使者带出了房间。老师还颇有些高兴,一是一件难事得以迅速快捷地解决,如释重负——本来自己也不知道该说什么;二来他还对南子挺有好感:看来南子没别人说的那么不懂事嘛!我给她施礼她还懂得还——不然帘子后面怎么会叮叮当当地响呢?

不过,老师的好兴致刚回到家就被剥夺了。大师兄正站在门口候着,见老师回来,便大声质问道:"你说!你去见南子都干了点什么?!"

老师的心情本来十分愉快,还计划着回来同我们炫耀炫耀。结果被子路的厉喝吓了一跳,一时没有调整好情绪,只好支支吾吾地如实回答:"没……没干什么啊,就见了个面就回来了。"

"没干什么她会天天来请你去?别装了!"

"我……我真的没干什么啊。"——老师在脑袋里跑了一圈,也没找到哪本书里有记载过君夫人单独接见大臣的故事。所以都不知该编个什么活动才能满足子路的好奇心，只能继续如实回答。

"我看你是做贼了心虚！不然讲话结巴什么。"——子路还非就认定了老师是在用"没干什么"来遮掩。

老师也是被逼得没有办法，只好急得对天发誓："我要是真干了什么的话，那就让上天来惩罚我！让上天来惩罚我！这样总行了吧。"③

子路这才罢休，但他的大舅哥弥子瑕，却紧跟着接过了这一棒，继续来给老师找麻烦——然而他自己又没能力让老师不快活。所以只能狐假虎威地去求助于卫灵公。

本来他也想用"子见南子"的故事来激怒卫灵公——不过历史无数次地证明卫灵公是个非常大度的人，所以他并不以此为意。但弥子瑕究竟是个聪明人，所以他便把自己的忧患套在了卫灵公头上：

"国君，我可得提醒您。孔子可是从鲁国来的。那里的朝堂上，流行的是臣子当权。你看季孙氏他们家，把持朝政已好几代了，鲁君不过是个摆设。而子路又是季孙氏他们家的家臣，季氏架空鲁君的手段他肯定全学会了。现在您让孔子做着大官，他又有子路辅佐，国君就一点都不担心吗？"

卫灵公这下倒是一点都大度不起来了，马上就派了大将军公孙余假来监视老师的一举一动，有什么嫌疑之处马上汇报。④

公孙余假每天在学堂里东瞧西望，老师这才焦虑起来，毕竟卫灵公是个连亲儿子都不放过的人。但这卫灵公还是照旧地五日一会面，出席大场合也次次都带着自己，所以老师又找不到好的理由告辞避难——这时候无故离开岂不是做贼心虚的表现吗！

但不到一个月，老师就找到了个好机会。一天卫灵公突发奇想，要带着老师参观一下卫国，于是备了两辆车。也不知卫灵公是故意还是无意，总之他安排自己和南子坐在第一辆车的主位，而他心爱的太监雍渠坐在次位。反倒是让孔子一个人孤零零地坐第二辆车——两辆车锣鼓开道，招摇过市。

卫国的百姓踮着脚，探着头地拼命瞧，无不评头论足："嘿！这个南子是真漂亮！就是这孔子，他的地位比不过南子是应该的。但怎么还比不过一个太监呢！"这话最终传到了老师的耳朵里，老师仿佛是受了奇耻大辱，给卫灵公留下了一句"吾未见好德如好色者也！"就又带着我们告辞上路去了。⑤

注释：

① 本国人对外国人，称呼本国的国君夫人为"寡小君"。见《论语·季氏》。

② 本国人对本国人，或外国人对本国人。称呼该国的国君夫人为"君夫人"。见《论语·季氏》。

③ 《史记·孔子世家》：灵公夫人有南子者，使人谓孔子曰："四方之君子不辱欲与寡君为兄弟者，必见寡小君。寡小君愿见。"孔子辞谢，不得已而见之。夫人在绤帷中。孔子入门，北面稽首。夫人自帷中再拜，环佩玉声璆然。孔子曰："吾乡为弗见，

见之礼答焉。"子路不说。孔子矢之曰:"予所不者,天厌之!天厌之!"

④《史记·孔子世家》:居顷之,或谮孔子于卫灵公。灵公使公孙余假一出一入。孔子恐获罪焉,居十月,去卫。

⑤《史记·孔子世家》:居卫月余,灵公与夫人同车,宦者雍渠参乘,出,使孔子为次乘,招摇市过之。孔子曰:"吾未见好德如好色者也。"于是丑之,去卫,过曹。是岁,鲁定公卒。

子贡的望回

老师带着我们一大帮人匆匆出了帝丘城,却又没有个具体的方向,因为子路大师兄就这么两个大舅哥了。这时不知是谁提议,说了句"我们不如去边上的陈国看看"——但一般爱好提议的人都不爱好指路,所以我们就在一个叫"匡"的地方迷了路。

有关匡地具体在哪,我是即便到现在也无法在地图上标注出来——不然又怎么能叫作迷路呢!但好巧不巧,就这么一个谁都不知道在哪的地方,我们竟撞见了一群暴民。当地百姓自然也不知为了什么,我们才刚挨近他们村子,就个个拿着锄头铁锹把我们的车队围了起来。

幸好由于我们人多,他们也不敢真打。每次大师兄带十几个小师弟要上前比画几下,他们就各自散去。待大师兄归队,他们又复自围上前来,继续凶神恶煞地恐吓叫嚣。

然而,匡人的这一战术却有另一个问题——就是当子贡师弟想上前去问问为什么要把我们围起来时,他们也都瞬间散得没了踪影。就这样没有交锋,也没有交流地被围了四天。虽说我们没受什么损失,但一直这么没个尽头地被围着恐吓也是怪吓人的。

而到第五天,还真的出了件大事——颜渊师弟不见了。

一贯镇定的老师这下才终于慌了起来,马上派我们到处去找。不过没等子路大师兄召集全人,颜渊就被匡人带来送还给我们了。老师赶忙冲上去拉着颜师弟的手,埋怨道:"哎呀!颜回,你可吓死老师我了,我还以为你被他们抓去杀了呢!"

颜师弟当然不会错过这一表忠心的机会:"老师您这话说的,只要您还在,我哪里敢死呢?"老师听罢,转怨为喜:"就是嘛!我可还有这一脉相承的圣王之道要你去发扬光大呢。看来上天也是不想断绝这一文明,才保住了你小子的性命呢!"①

子贡师弟倒是把关注点都放在了来访的这几个匡人上,上前一打听,才明白了他们包围我们的由头:

原来是因为我们敬爱的老师与他们村的世仇长得极像,而他们起初也没瞧真着儿,就召了全村的人前来报仇。但因为我们人多,所以他们又不敢真打。这样耗了几天,村里的明白人终于说道:"这两天我们仔细看了看,感觉他走路做事的样子不太像,我们别给认错了。"

于是他们立即就开了个村民大会,会上一致通过决议:去车队里把那个长得老实好欺负不说假话的抓来审一审先。而这个"长得老实好欺负不说假话的",就是我们的颜师弟。

当晚,他们就趁着夜色抓走了颜师弟,审了一个通宵,终于弄明白了其中的误会。便来跟我们赔不是。

匡地之围虽说是成功地解决,但子贡师弟自此就有点瞧不上颜渊。本来他就认为颜渊有些奇怪——在子贡看来,一个人不可能穷得饭都吃不饱,还一心只研究天道——这不明摆着是傻吗!所以颜渊的好学一定是装出来的!

但子贡师弟却又无法解释颜渊装得这么好学是为了什么。直到这次他"子在,回何敢死?"的这句"大马屁话",子贡才终于有了解答:颜回一定就是为了讨老师的欢心才好学的!尤其老师每与诸侯们聊天时都只夸颜回一个人,说他又仁又好学的。如此看来,他当官脱贫的日子岂不是指日可待了嘛!

子贡对颜师弟的态度,老师当然都是看在眼里。所以他时常要点拨一番:"端木赐啊,你看你和颜回比,是谁比较厉害呢?"

子贡是个很善言辞的人,所以他对曰:"赐也何敢望回?② 颜回他闻一能知十,而我闻一只能知道二。这我怎么敢比呢?"——子贡的这一句话,既顺了老师的意图,又暗表了自己的情绪。

这话讲得确实是谦让,但子贡是比颜渊要年少一岁的,而且又是同辈,按礼节应当以字来称呼对方。而他却直呼颜同学的大名,就为显内心的不敬。

老师他当然听出了子贡的意图,但又不便点破,所以也只好顺着子贡的话继续下去:"对嘛,你是比不过他,老师我也比不过他。"③

俗话说,解铃还得系铃人。老师再怎么点拨,其作用都是不济的。最后还是颜渊自己的表现才有说服力。只不过这一机会,却是要等上几年以后了。

那次我们也是一队人马遭难,困在了陈蔡之间。

不过这倒不是出于误会，而是陈蔡两国就要找老师的麻烦。

老师穿过匡地到了陈国，但一来不受陈君重用，二来隔壁的吴国老是来攻打，日子不得安宁。就转而去了边上的蔡国，但也同样，一来不受蔡君重用，二来隔壁的楚国老是来攻打，日子不得安宁。

老师一打算：得，那我还不如去吴国和楚国呢，在这受这个委屈，还每天提心吊胆的。大国的国君都比较大气不说，我还能顺便劝劝他们别总欺负人家小国，也算是给陈国、蔡国一个交代。

正巧，这时楚国派来使者邀老师去楚国看看。老师一口答应便上了路，但陈、蔡两国的国君却随即起了疑心。所以也是没本事的人活该国家做不大。④ 有了人才不敢重用，等别人跳槽了，又担心下家会因此而如虎添翼，威胁自己。

为此，陈、蔡两国国君达成了共识——绝不能让孔子去楚国。但又不敢真派兵去追，否则就成了官方行为，楚国之后问起责来说不清楚。只好招了些大臣家里的差役，组成个民间武装，派去追击。如此即便是楚国事后发了怒，也就配合着惩办几个"贼首"即可。

但得亏这些差役们毕竟都是良民出身，舍不得杀人，我们才得保全了性命。他们同匪人一样，也只是把我们围了起来便作罢，不再上前。唯独围得更密了一点，所以我们完全失了与外界的联系。

才第三天，我们就断了粮。又挨了几天，同学们都饿得躺在地上，动弹不得。但老师经历了这一路的磨难，却逐渐患上了一个很大的"迷信"——他总以为上天是要让他去宣扬大道的！所以他肯定死不了！

因此，即便老师一样饿得胃疼，但仍在一边不停地弹琴。嗡嗡噔噔的，一会儿文王一会儿武王。终于把子路大师兄弹得发了怒，虽说已饿得在地上躺了三天，也忽的来了个鲤鱼打挺，蹿了起来。几步就跑到了老师面前，又抱怨了起来：

"老师，本来在卫国好好的你不待，非要拖着我们到处跑。现在我们都是要饿死的人了，你还有闲工夫在这里弹琴。像我们这样的君子，怎么能受这样的苦难呢？！"

老师也没急着理他，先自顾自地弹完了整首曲子，又闭目静静地回味了半天。才睁开眼来答道："做君子就是要做好承受苦难的准备，这道理你还不明白吗？你难道要像那些小人，受了点挫折就要开始胡作非为了吗！"⑤

大师兄不知该如何反驳，但内心又极其不甘："那老天就是这么不公平吗？"

老师小心地收起了琴，缓缓地问道："仲由啊，《诗》上有这么一句话'匪兕匪虎，率彼旷野'⑥。既不是犀牛，又不是老虎，为什么会被困在荒野上？那是不是就是因为我们的道是错的，才会被困在这里呢？"

子路想了一想："老师，我们的道一定是没错的。但是不是因为我们还不够'仁'，所以别人不相信我们？又是不是因为我们还不够'智'，所以别人不重用我们呢？"

老师笑了笑："仲由啊，你说的有道理啊。但假如仁德的人都必能得到信任，那又怎么会有伯夷、叔齐⑦呢？假如智慧的人都必能得到重用，那又怎么会有王子比干⑧呢？"

子路无所对，老师对他说："你去把你师弟端木赐叫来吧，我有话问他。"

待子贡前来，老师也问道："端木赐啊，《诗》上有这么一句话'匪兕匪虎，率彼旷野'。既不是犀牛，又不是老虎，为什么会被困在荒野上？那是不是就是因为我们的道是错的，才会被困在这里呢？"

子贡不假思索，直接对曰道："老师，正是因为您的道至大无极,所以天下才容不下夫子。老师是否愿意稍稍降低一些标准,来融入这个世界呢?"

老师摇了摇头:"赐啊,好的农夫只求播种而不求收割,好的匠人只求能做出巧夺天工的物件而不求迎合大众的审美。君子的修行,纲而纪之,统而理之,怎么能求为他人所'容'呢?端木赐,我一直说你不受天命,讲的就是这个意思啊。为什么你就是不愿意修养自己的大道,而只求能容于俗世呢?"

子贡不愿回答,老师也不再追问:"你去把颜回师弟叫来吧。"

颜渊师弟本来就体弱,现在更是饿得浑身浮肿,走不动路,慢慢地拖着蹭来。老师一样,继续问道:"颜回啊,《诗》上有这么一句话'匪兕匪虎,率彼旷野'。既不是犀牛,又不是老虎,为什么会被困在荒野上?那是不是就是因为我们的道是错的,才会被困在这里呢?"

颜渊一听，强打起了精神："老师，您这句话说得就不对了。正是因为您的道至大无极，所以天下才容不下。但这又如何呢？老师您既然已尝试过去推行，那不容何病？不容然后见君子！如果大道是我自己没有修养好，那是我的耻辱，如果我修养好了大道却不受重用，那就是天下的耻辱了！所以不容何病？不容然后见君子！"

老师这才很是满意："颜回啊，只有你能明白这个道理啊。唉，要是老天也能让你赚大钱就好啦。"⑨

言罢，又转头看向了子贡："端木赐，之前你一直怪我不跟你们谈人性与天道⑩。现在你知道为什么了吧，你的境界还不够啊。"

虽说是受了一顿教训，子贡师弟似乎也的确若有所思了一阵。但当晚，他还是首先选择了去追求眼前的成就。趁着夜色，他找了个守备的空当，溜出去摸到一个村落，跟村民买了一袋米回来。

第二天一早,同学们见状,无不欢欣鼓舞——但这个词只能用来形容大家的内心活动,从对外呈现的角度来看的话,大家还都是照旧躺在地上一动不动,没有一个人起来跳舞的。

子路大师兄和颜师弟这时候站了起来,担负起了煮粥的大任。在附近寻到了一件破屋,虽然墙倒了一边,屋顶也只剩一半。但所幸灶台还维持着大概的形状,锅也锈毁得不算太漏。

颜师弟把锅取来清洗干净,即刻开始煮粥。子路大师兄则坐在地上,一把一把地往灶肚子里塞柴火。两人挤在破屋里,充满了期待。但就在粥快熟的时候,大师兄忽然发现柴火不够,便急忙出门捡树枝去了。只留颜师弟一人看锅。

正在此时,颜师弟趁此空隙迅速偷吃了一大口粥,而这被坐在屋外的子贡瞧得一清二楚。子贡师弟惊得一下子站了起来:好啊!你小子可算是露馅了,我就说你天天好好学习是虚伪装的吧!

兴奋的子贡马上就跑去跟老师告状:"老师,一个仁人廉士,在困穷的时候,是可以改变降低自己的操守的吗?"

老师没听明白子贡是什么意思,还怕子贡要去干什么坏事,赶忙阻止道:"你这是什么话,都已经改变自己操守了,怎么还能算是仁人呢?!"

子贡立刻笑了起来:"那我们的颜回师弟肯定不能算是仁人啦!"言罢,就把刚刚自己的所见告诉了老师。

谁知老师却并不发怒,也笑了起来:"欸,端木赐,这就是你不了解颜回啦。你去把他叫来,我来替你审审,看看他是不是真的偷吃了。"

子贡旋即叫来了颜师弟,坐在一旁等着看笑话。老师首先说道:"颜回啊,我这两天晚上做梦,一直梦到我的祖先。你把粥给我盛一小碗来吧,我想祭拜一下先人。"

颜师弟则有些面露难色,有些结巴地解释说:"老师……我怕,怕是这锅粥已经受了污染,不能再祭祀先人了。刚刚我看锅的时候,屋顶上的泥土掉了一块在锅里,如果不把它捞出来吧,难免会坏了一锅粥;但捞出来丢掉吧,上面沾了米我又舍不得。所以我就急忙把这个土块捞出来自己吃了。我想,现在这锅粥已受了泥土的污染,是不能再献给先人了吧。"

老师看着子贡,自得地笑了起来。随后,扭头对颜渊说:"嗯!颜回你做得很对,如果是我也会把土块吃掉的!你快去把粥盛出来,分给各位师兄弟吧。"⑪

等颜渊师弟走远,老师对子贡又问了一个老问题:"端木赐啊,你看你和颜回比,是谁比较厉害呢?"

不过这次子贡师弟不再耍滑头,而是诚诚恳恳地对曰:"唉!赐也何敢望渊呀!"

注释:

① 《史记·孔子世家》: 将适陈, 过匡, 颜刻为仆, 以其策指之曰: "昔吾入此, 由彼缺也。" 匡人闻之, 以为鲁之阳虎。阳虎尝暴匡人, 匡人于是遂止孔子。孔子状类阳虎, 拘焉五日。颜渊后, 子曰: "吾以汝为死矣。" 颜渊曰: "子在, 回何敢死!" 匡人拘孔子益急, 弟子惧。孔子曰: "文王既没, 文不在兹乎? 天之将丧斯文也, 后死者不得与于斯文也。天之未丧斯文也, 匡人其如予何!"

② 即, 我端木赐怎么敢跟颜回比呢?

③ 《论语·公冶长》: 子谓子贡曰: "女与回也孰愈?" 对曰: "赐也何敢望回? 回也闻一以知十, 赐也闻一以知二。" 子曰: "弗如也; 吾与女弗如也。"

④ 陈、蔡两国分封时都是侯爵; 吴国、楚国次之, 为子爵。然而数百年后, 吴楚都称了王, 陈蔡却沦为了小国。

⑤ 《论语·卫灵公》: 在陈绝粮。从者病, 莫能兴。子路愠见, 曰: "君子亦有穷乎?" 子曰: "君子固穷, 小人穷斯滥矣。"

⑥ 出自《诗经·小雅·何草不黄》。

⑦ 伯夷和叔齐是商朝末年孤竹国的国君之子, 二人为让国君之位而逃离本国。后商为周所灭, 二人怀念故国, 不食周粟而饿死于首阳山。

⑧ 商纣王的叔父, 因劝诫纣王而被剖腹挖心。

⑨《史记·孔子世家》：孔子知弟子有愠心，乃召子路而问曰："《诗》云'匪兕匪虎，率彼旷野'。吾道非邪？吾何为于此？"子路曰："意者吾未仁邪？人之不信也。意者吾未知邪？人之不我行也。"孔子曰："有是乎！由，譬使仁者而必信，安有伯夷、叔齐？使知者而必行，安有王子比干？"

子路出，子贡入见。孔子曰："赐，《诗》云'匪兕匪虎，率彼旷野'。吾道非邪？吾何为于此？"子贡曰："夫子之道至大也，故天下莫能容夫子。夫子盖少贬焉？"孔子曰："赐，良农能稼而不能为穑，良工能巧而不能为顺。君子能修其道，纲而纪之，统而理之，而不能为容。今尔不修尔道而求为容。赐，而志不远矣！"

子贡出，颜回入见。孔子曰："回，《诗》云'匪兕匪虎，率彼旷野'。吾道非邪？吾何为于此？"颜回曰："夫子之道至大，故天下莫能容。虽然，夫子推而行之，不容何病，不容然后见君子！夫道之不修也，是吾丑也。夫道既已大修而不用，是有国者之丑也。不容何病，不容然后见君子！"孔子欣然而笑曰："有是哉颜氏之子！使尔多财，吾为尔宰。"

⑩《论语·公冶长》：子贡曰："夫子之文章，可得而闻也；夫子之言性与天道，不可得而闻也。"

⑪《孔子家语·在厄》：孔子厄于陈、蔡，从者七日不食。子贡以所赍货窃犯围而出，告籴于野人，得米一石焉。颜回、仲由炊之于坏屋之下，有埃墨堕饭中，颜回取而食之。子贡自井望见

之，不悦，以为窃食也。入问孔子曰："仁人廉士穷改节乎？"孔子曰："改节即何称于仁廉哉？"子贡曰："若回也，其不改节乎？"子曰："然。"子贡以所饭告孔子。子曰："吾信回之为仁久矣，虽汝有云，弗以疑也，其或者必有故乎。汝止，吾将问之。"召颜回曰："畴昔予梦见先人，岂或启佑我哉？子炊而进饭，吾将进焉。"对曰："向有埃墨堕饭中，欲置之，则不洁；欲弃之，则可惜。回即食之，不可祭也。"孔子曰："然乎，吾亦食之。"颜回出，孔子顾谓二三子曰："吾之信回也，非待今日也。"二三子由此乃服之。

叶公的为政

虽然子贡已郑重地对颜渊师弟摆正了态度，但子贡究竟只能做子贡该做的事情。所以他当晚又没有好好学习，而是趁着夜色从昨晚找到的缺口溜了出去，跑去楚国兵营搬救兵。

这里需要交代一个背景：就在陈、蔡的一帮民兵包围我们的同时，吴国的大军也正在攻打陈国。由于陈国近来按时地给楚国交保护费，所以这次我们楚国的老大楚昭王也如约亲自带兵来救陈国，以显自己"王"的身份。幸好楚国的兵营离我们不算太远，因此我们才能在饿死之前获救。

至于说楚昭王，不但救了我们，而且还真是个尤其仗义的人。在这次班师伐吴救陈之前，他曾专门占过一卜。结果却是：楚王此行，进亦不吉，退亦不吉。

但楚昭王则毫不犹豫，对将士们说道："这次出征，看来我是必死无疑。但同样是死。前进是光荣战死，退后就是毁坏了陈、楚两国的盟约——那可还不如死呢！既然横竖都是绝路，我看我就不如战死沙场了吧！"

而他这句话也并非戏言，当即他就宣布要将王位让给自己的弟弟。经过了几番推脱与坚持，他弟弟终于先假装答应敷衍过去。① 而楚昭王带兵到了陈国，刚驻扎下来，果然就如占卜患了重病。

这时楚王的占卜官提议道："大王，我有能力做法，把您的疾病转移到其他人的身上去，以保证大王的平安。"楚国的将相们听了，都纷纷自告奋勇，要以己身换取昭王的痊愈。但楚昭王却拒绝道："我的文武百官，可都是孤的左膀右臂啊。把疾病转移给他们，岂不是自断手脚嘛？这肯定不行！"②

连我们的老师听闻了这两件事，也止不住地夸道："楚王真的是明白大道的人啊！难怪他当年吴楚之战没丢掉国家呀！"③

然而由于楚王当时正病重，所以我并没有机会见到我国的最高领导人。而是跟着老师去了边上的叶国拜会他的老朋友叶公。

叶公，大名叫作沈诸梁。如果大家还记得我在前文中讲过，我们楚国自从楚武王开始就与周朝分家而治。④那么这个叶国，就是受楚王册封的诸侯国，因而并不受周天子的管辖。

老师与叶公的友谊始于几年前，那时沈诸梁刚刚被封在叶国，正从郢都赶来上任。老师就住在隔壁的蔡国，闻讯想来祝贺一番再交个朋友。就先派了子路大师兄去转交了一封贺信。

但楚国毕竟是荒蛮的地方,所以叶公问道:"嗯,仲先生。我问一句话,您可别不开心,这个孔丘孔先生到底是谁啊?"

大师兄被问得一懵——这周游的十几年来都没遇到一个不认识老师的人,一时让他迅速地概括出老师的行状,还真是为难他了。所以他愣了半天,又不好意思直说"孔子是个大圣人",就尴尴尬尬地回来跟老师复命了。

老师听他讲了这段奇遇,笑着教导说:"以后你就跟别人这么介绍我,孔丘这个人呐,别的没什么。就是学习起来,发愤忘食,乐以忘忧,不知老之将至云尔!"⑤

大师兄点头记在了心里。但老师也随即亲自带着我们启程去拜见叶公。

叶公是个有心的人,在大师兄复命的这几天里,便从别处打听清楚了"这个孔丘孔先生"的身世。待我们师徒众人来访,他更是备好了酒宴迎接——叶公如此懂礼,让我这个楚国人也感到颇有面子。

大家刚刚入座,叶公就迫不及待地向老师求教:"孔先生,您可是闻名中原的大圣人。我这个南蛮鴃舌之人现在刚当上了叶国的国君,您来跟寡人讲讲,一个理想的国家是什么样的呢?"

老师想了一想,但毕竟叶公不算是体制内的诸侯,所以没有用"对曰",而是直接答道:"一个好国家嘛,就是国内的百姓都幸福快乐,国外的百姓都想移民进来。"⑥

叶公听了,大为满意,又与老师聊了好多天才散。老师回蔡国之后,对我们高兴地夸道:"别看我们曾经把他们叫作南蛮,他们现在可是比中原这些诸侯都上进得多啊。"

回归正题,这次我们去拜会叶公,叶公又是盛情迎接。

前段时间叶国闹了水灾，叶公带着百姓筑了两排堤岸，以改变河道。据说因为竹简上画不了设计图，叶公还专门从自己家腾了间房，让工人直接在墙上画。待堤岸修成，叶公又专门修了两条高架渠，把河水引到城里。为了美观，叶公在出水口画上龙头——"叶公好龙"的名声就这么传开了。⑦

这次的宴席之上，叶公又是迫不及待地对我们炫耀："孔先生，自从您上次教导过寡人。寡人可是把叶国治理得井井有条，大家都在争着当道德模范。就上个月，有个老头偷了只羊。他的儿子毫不犹豫，主动把他抓来报官。您看，叶国人都很正直吧！"⑧

老师听罢，却摇了摇头："叶公啊，在我们老家，对正直的理解可能跟你们不太一样。还得请叶公想想，到底怎么做才算正直呢？"

但叶公可能是并没有想明白，因为他第二天就客客气气地送走了老师。当然，不光是叶公没想明白，连我们这些天天跟着老师学习的弟子也是不能理解。

所以子路大师兄在回程的路上忍不住问道:"老师,我想了一路了,所以到底该怎么做才是正直的呢?"

老师叹了口气:"唉,怎么仲由你也想不明白呢?我之前没教过你们吗!对一个国家来说,是强大的兵力最重要呢,还是充足的粮食最重要呢,再或者是人与人之间的信任最重要呢?"

大师兄对曰:"当然是人与人之间的信任最重要!自古皆有死,民无信不立嘛!要是大家互不信任,那有再多粮食也不够抢的。"⑨

老师这才点点头:"正直的做法就在你的回答中啊。"

在感谢大师兄替我们解决了疑问的同时,我们又回到了楚国的兵营。这回楚昭王的病略有好转,强撑着接待了我们。当时便许诺,要把楚国在书社的七百里地封给老师。

但过了两三天,也不见正式的文件下发。据说是因为楚国的令尹子西不同意。他私下里跟楚昭王说:"大王,您派往各国的使节,有比子贡更能说会道的吗?"

楚昭王:"没有。"

子西:"那大王的近臣,论起德行,有比颜渊高的吗?"

楚昭王:"没有。"

子西:"那大王的将帅,有比子路更加勇猛的吗?"

楚昭王:"嗯……也没有。"

子西:"那大王的官员,有比宰我⑩有能力的吗?"

楚昭王:"唉……也没有吧。"

子西:"既然这样,当年我们楚国曾经可是靠着五十里地就建成了如今数千里的大国。大王您真的放心封给孔丘他七百里地吗?"

楚昭王想了想:"那过段日子再说吧……"

只可惜,上天并没有给楚昭王再说的机会。半个月后，他就病重在兵营里薨逝而去了，而老师的封地，自然更是无从谈起了。⑪

注释：

① 《左传·哀公六年》：秋七月。楚子在城父，将救陈。卜战不吉，卜退不吉。王曰："然则死也！再败楚师，不如死。弃盟逃仇，亦不如死。死一也，其死仇乎！"命公子申为王，不可；则命公子结，亦不可；则命公子启，五辞而后许。

② 《史记·楚世家》：十月，昭王病于军中，有赤云如鸟，夹日而蜚。昭王问周太史，太史曰："是害于楚王，然可移于将相。"将相闻是言，乃请自以身祷于神。昭王曰："将相，孤之股肱也，今移祸，庸去是身乎！"弗听。

③ 楚昭王时，伍子胥曾带领吴国军队打入楚国，连首都都被占领。楚昭王逃去随国，被随国君臣保护没有交给吴国而得幸免于难。楚国大臣申包胥前去秦国，在秦国朝廷一连哭了七天七夜，感动了秦哀公。秦哀公感叹："楚虽无道，有臣若是，可无存乎！"便派了大军打败了吴国，替楚国复国。

④ 见《不齐的拜师》一章。

⑤ 《论语·述而》：叶公问孔子于子路，子路不对。子曰："女奚不曰：其为人也，发愤忘食，乐以忘忧，不知老之将至云尔。"

⑥《论语·子路》：叶公问政。子曰："近者悦，远者来。"
⑦《水经注·汝水》：楚惠王以封诸梁子高，号曰叶公，城即子高之故邑也。叶公好龙，神龙下之。河东王乔之为叶令也……醴水又径其城东与烧车水合，水西出苦菜山，东流侧叶城南，而下注醴水。醴水又东径叶公庙北，庙前有《沈子高诸梁碑》……遗文殆存，事见其碑。醴水又东与叶西陂水会，县南有方城山，屈完所谓楚国方城以为城者也。山有涌泉北流，畜之以为陂，陂塘方二里，陂水散流，又东径叶城南而东北注醴水。醴水又东注叶陂，陂东西十里，南北七里，二陂并诸梁之所堨也。
⑧《论语·子路》：叶公语孔子曰："吾党有直躬者，其父攘羊，而子证之。"
⑨《论语·颜渊》：子贡问政。子曰："足食，足兵，民信之矣。"子贡曰："必不得已而去，于斯三者何先？"曰："去兵。"子贡曰："必不得已而去，于斯二者何先？"曰："去食。自古皆有死，民无信不立。"
⑩宰予，字子我，孔子弟子，少孔子二十九岁。
⑪《史记·孔子世家》：昭王将以书社地七百里封孔子。楚令尹子西曰："王之使使诸侯有如子贡者乎？"曰："无有。""王之辅相有如颜回者乎？"曰："无有。""王之将率有如子路者乎？"曰："无有。""王之官尹有如宰予者乎？"曰："无有。""且楚之祖封于周，号为子男五十里。今孔丘述三五之法，明周、召之

业，王若用之，则楚安得世世堂堂方数千里乎？夫文王在丰，武王在镐，百里之君卒王天下。今孔丘得据土壤，贤弟子为佐，非楚之福也。"昭王乃止。其秋，楚昭王卒于城父。

老师的回国

自从昭王薨逝之后，楚国上下都在研究王位继承人的问题——虽然他生前就已指定要传位给自己的弟弟，但他却又生了不少儿子，况且他的弟弟也不愿继位。所以总理子西只好在王子当中一个个面试打分，以求选个好的。

对这一问题老师实在是插不上手，所以只能每天无所事事地在楚国大街上走走转转。我也趁着这一空当回家住了两天，想我自从离家北上拜师十八年过去了①，然而郢都却并没有多大的变化，物是人也不非。唯独隔壁家的小姑娘不知嫁去了哪里，不能得见，算是仅有的一件值得感叹的事了。

但老师在楚国却遭遇了一场奇遇,就在郢都的大街上,他碰巧撞到了一个醉汉。而这个醉汉竟认得老师,便趁着酒兴唱道:"凤啊,凤啊!你的德行就这么差了吗?往者不可谏,来者犹可追!算了吧,别等啦,现在的当权者哪有几个好东西呢!"

老师听他唱完,想拉住他好好聊聊,可他却迅速地消失在了人群中不见踪影。②

当天回来老师的心情就不太好。第二天,他便带着我们再次启程,离开楚国,又将重返卫国。

一路上大师兄不住地抱怨,说老师瞎折腾,跑了将近十年还不是重回起点,但老师也并不回应,只管默默地驾着车前行。

我猜想,老师此次去卫国应该再没有政治上的追求了,他或许终于服了老,不愿再被任何人重用,毕竟他已六十三岁了③。而他选择回到卫国,又或许只是因为卫国距他的父母之邦最近罢了——他想在这等待鲁国召他回去的日子。而这一等,竟又是五年。

事实上,四年之前,老师曾有过一线的希望得以回国:

那是周敬王二十八年,鲁哀公三年④的初秋。鲁国发生了场地震,而曾经逼走老师的季桓子,也自觉大限将至。便坐着轮椅,让儿子季孙肥推着自己上鲁国的城墙走走。

望着城内的废墟,季桓子叹息道:"唉,鲁国曾经是有希望能富强起来的啊。但只因为我逼走了孔子,这希望也就破灭了。儿子啊,马上我就要死了。等我死了你就会继任当上鲁国的宰相,到那时你一定要请孔先生回来啊。"

随后,季桓子卒于那年的秋末,季孙肥继位,为季康子。季康子本想立即下令召回老师,但却受到一个叫公之鱼的人的阻挠:"季孙先生,当年先君就因为重用孔子却不能坚持到底而为天下人嘲笑；如今您又打算重用孔子，我可得提醒您，如果按照孔子的主张办事，那当权者可是没有好日子过的。您可别又半途而废了遭人嘲笑哦！"

季康子犹豫了一下："那我又不想辛苦，又要遵守先父遗命，该怎么办呢？"

公之鱼看来也是个聪明绝顶的人："孔子有个徒弟叫冉求的，他的才能当然是没得说。而且我看他也一定很听话，您招他来准没错。"

季康子闻言，当时就下达了命令。彼时老师还在陈国不受重用，命令传来，冉有师兄随即收拾好行李就要上路。临行前，老师说道："冉求啊，你这次回国一定是会被重用的，你可得好好干！"冉有拜谢之后，就上了车。子贡师弟赶忙又拉住他偷偷嘱咐了一句："冉师兄，您如果有机会，一定要记得接老师回国啊。"冉有点了点头，但他心里想的，却只有他那鲁国财政大臣的梦想。⑤

一直等到九年以后⑥,齐国突然派兵攻打鲁国,冉有带兵抵御住了敌军。在表彰大会上,季康子满意地问道:"冉有啊,你带兵这么厉害,都是跟谁学的呢?"冉有师兄终于有机会对曰道:"是跟我的老师孔子学的。但军旅之事其实是他最不屑的,他的治国大道可要更高明得多了。"

季康子被冉有的这句话勾起了兴趣:"喔?那我可以请他回国来指导我们吗?"

冉有这才完成了子贡对他的嘱托:"当然可以!"

这回再没有人从中阻挠,六十八岁的老师最终在十四年的奔波之后,受季康子的邀请,再次回到了故国。⑦

一路上,他都高兴地唱着:"回去啦!回去啦!我老家的学生还在等着我呢!他们又有志向又有文采,我都不知道回去后他们还听不听我的话欤!"⑧

注释：

① 不齐离开楚国在公元前506年，惠王继昭王位在公元前488年。
②《论语·微子》：楚狂接舆歌而过孔子，曰："凤兮凤兮！何德之衰？往者不可谏，来者犹可追。已而，已而！今之从政者殆而！"孔子下，欲与之言。趋而辟之，不得与之言。
③《史记·孔子世家》：于是孔子自楚反乎卫。是岁也，孔子年六十三，而鲁哀公六年也。
④ 即公元前492年。
⑤《史记·孔子世家》：秋，季桓子病，辇而见鲁城，喟然叹曰："昔此国几兴矣，以吾获罪于孔子，故不兴也。"顾谓其嗣康子曰："我即死，若必相鲁；相鲁，必召仲尼。"后数日，桓子卒，康子代立。已葬，欲召仲尼。公之鱼曰："昔吾先君用之不终，终为诸侯笑。今又用之不能终，是再为诸侯笑。"康子曰："则谁召而可？"曰："必召冉求。"于是使使召冉求。冉求将行，孔子曰："鲁人召求，非小用之，将大用之也。"是日，孔子曰："归乎归乎！吾党之小子狂简，斐然成章，吾不知所以裁之。"子贡知孔子思归，送冉求，因诫曰"即用，以孔子为招"云。
⑥ 公元前484年。
⑦《史记·孔子世家》：其明年，冉有为季氏将师，与齐战于郎，克之。季康子曰："子之于军旅，学之乎？性之乎？"冉有曰："学之于孔子。"季康子曰："孔子何如人哉？"对曰："用之有名，播之百姓，质诸鬼神而无憾。求之至于此道，虽累千社，夫子不利也。"康子曰："我欲召之，可乎？"对曰："欲召之，则毋以小人固之，则可矣。"而卫孔文子将攻太叔，问策于仲尼。仲尼辞不知，退而命载而行，曰："鸟能择木，木岂能择

乌乎!"文子固止。会季康子逐公华、公宾、公林,以币迎孔子,孔子归鲁。孔子之去鲁凡十四岁而反乎鲁。
⑧《论语·公冶长》:子在陈,曰:"归与!归与!吾党之小子狂简,斐然成章,不知所以裁之。"

冉有的叛道

老师回国之后,受到了极高的礼遇。在季康子的推荐下,当时的国君鲁哀公尊老师为"国老"。时不时两人都来问问"政"。

首先来的是季康子,而他还真的十分苦恼:"孔国老,我现在想好好地整顿一下鲁国,你说我如果把所有的无道之人都杀掉,来震慑其他人都老老实实遵纪守法,这是不是一个很好的想法?"

老师听完季康子的高见,大吃一惊:"哪有靠杀人来治国的呢?!"①

于是季康子进一步解释道:"孔先生,情况是这样。

鲁国现在盗匪猖獗，不靠杀人估计真的镇不住。"

老师也不想跟他多客气，直接就切入主题："季孙先生，我孔丘听说，居上位者的德行像风，老百姓的德行像草。风往哪边吹，草就往哪边倒。假如您自己能为人端正，不贪财逐利。那就算是奖励偷盗，也不会有人去干的。"②

季康子碰了一鼻子灰，之后就再鲜来拜访。倒是鲁哀公常爱来与老师聊聊，但即便老师教导他说"举直错诸枉，则民服；举枉错诸直，则民不服"③。他也并没有要重用老师的意思，只是常来问问"孔先生，您的哪位学生最好学啊？""孔先生，您的哪位学生最适合当官啊？"之类的问题——估计他也觉得老师老了吧。

不过老师也不再追求入仕，而是又扩大了学堂，新招了一批小师弟继续教学。④

虽然老师重开了学堂，但冉有师兄可是来得越来越少了。有时候两三个月都不来一回，同学们都说他有了官位就忘了本,但老师总替他说好话。

终于有一次,他又是好久没来,老师这才问道:"冉求啊,为什么最近都不怎么来学堂了呢?"冉有低头对曰:"老师,实在没办法,我有政务处理,实在没有空闲。"老师吸了口气,又缓缓吐出:"冉求啊,我看你做的应该只是些日常的琐事吧。我现在虽然不再做官,但真有国家的政务,国君也会来先征求我的意见。既然只是些琐事,你又何必费那么多功夫呢?不要天天做琐事把自己的格局做小了,还是要记得多来来学堂的。"⑤冉有点头对曰:"弟子记住了。"但之后也还是照旧不来。

几个月后,鲁国朝堂上发布了季康子要去祭祀泰山神的消息。这可让老师着起了急,忙派人去叫来了冉有师兄:"冉求啊,你跟我学习了这么久。应该知道,这泰山可是全天下最高的山岳。自古以来只有圣主明君才能去祭祀,若没有伟大的功业,即便是天子都不敢妄自登临。现在季孙氏不过是个大夫,又没有一点政绩,竟然就想去祭祀泰山,难免要被天下人笑话。你作为他的家臣,就不能劝劝他别做这样人和神都看不惯的事情吗?"

冉有一开始还以为老师匆匆忙忙把自己叫来有什么要紧事,结果却是这么一个尴尬的问题——但祭祀泰山可是季康子的心愿,而要让冉有师兄与季康子为难显然是不可能的事情,所以他果断地回答老师:"不能!"老师看冉有如此果决,也不再劝说,只一个人叹了口气:"唉!泰山啊,礼啊。"⑥

但老师的叹息并没有影响冉有为季康子筹划泰山之行的热心,甚至可以说,冉有将自己学过的所有"礼"都使了一遍,只为了讨季康子的欢心。而季康子也的确领情,回来就把冉有提拔为自己的头号家臣——冉师兄的人生理想就这样获得了完满。

这回冉有才主动回了趟学堂,本以为能得意一番。

但老师却并没有给他送去祝贺，而是又挑起了一个冉师兄不愿回答的话题："冉求啊，我听你仲由师兄说，季孙氏最近有攻打颛臾的计划。可是颛臾一贯是我国的盟友，而且我国的先君还专门让他们担任了东蒙山的主祭人。如果要去攻打它，岂不是同室操戈吗？"

冉有看老师又在给自己找麻烦，只好先推卸责任："老师，这全是季孙先生他一人的意愿，我其实也是不赞同的。"

老师微微地有了点不高兴，音量也提高了几分："冉求！古人有句话说得好：'陈力就列，不可则止。'也就是说，按照自己的能力担当职务，如果不能胜任就该辞职。现在季孙氏犯错误而你不阻止，摔倒了你也不扶起来。那他要你这个家臣干什么呢？"

冉有看老师要自己辞职，当然不能答应，只好又找借口开脱："老师，颛臾这个地方。城墙又高，粮食又足。别看他们现在与我们亲近，未来一定是个隐患啊。"

老师这才真的发起了脾气:"冉求!我告诉你,我这辈子最厌恶的就是虚伪胡编借口的人!我看季孙氏的隐患倒不是颛臾,而是你们这些马屁家臣们呢!"⑦

言罢,老师便一人离席回了屋。留冉有一人独坐思考,大约过了两刻钟。冉有也起身走出了学堂,之后便再也没有回来过了。

不久之后,季康子就颁布了加税以筹集军费的政策,而冉有则主动当起了手执皮鞭的税吏,挨家挨户地盘剥。

老师听闻之后,终于灰了心,两眼无神地轻轻对我们宣布道:"冉求从此以后,再也不是我孔某人的徒弟了……你们现在就算是敲着战鼓去打他,我也不拦着了。"⑧

自此,老师有半个多月都没有兴致给我们上课。后来,有一个叫冉儒的小男孩来学堂拜师,老师才终于笑了一笑。但因为他并不起眼,老师又没有表现出对他的偏爱,所以我也没觉得好奇。直到再后来,老师去世的丧礼上,我才知道,原来他便是冉有的儿子。

而冉有在老师的丧礼上,只说了这么一句话:"老师啊,正如学生我曾一直说的,真的不是我不喜欢您的大道,只求您能原谅我的能力天赋都不够,不能学成,让您失望了。"随后,便又一次转身离去了。

注释:
① 《论语·颜渊》:季康子问政于孔子曰:"如杀无道,以就有道,何如?"孔子对曰:"子为政,焉用杀?子欲善而民善矣。君子之德风,小人之德草。草上之风,必偃。"
② 《论语·颜渊》:季康子患盗,问于孔子。孔子对曰:"苟子之不欲,虽赏之不窃。"
③ 《论语·为政》:哀公问曰:"何为则民服?"孔子对曰:"举直错诸枉,则民服;举枉错诸直,则民不服。"意为:推举正直的人管理犯错误的人,百姓则会信服;反之就不会信服。
④ 《史记·孔子世家》:鲁哀公问政,对曰:"政在选臣。"季康

子问政,曰:"举直错诸枉,则枉者直。"康子患盗,孔子曰:"苟子之不欲,虽赏之不窃。"然鲁终不能用孔子,孔子亦不求仕。

⑤《论语·子路》:冉子退朝。子曰:"何晏也?"对曰:"有政。"子曰:"其事也!如有政,虽不吾以,吾其与闻之!"

⑥《论语·八佾》:季氏旅于泰山。子谓冉有曰:"女弗能救与?"对曰:"不能。"子曰:"呜呼!曾谓泰山不如林放乎?"

⑦《论语·季氏》:季氏将伐颛臾。冉有、季路见于孔子曰:"季氏将有事于颛臾。"孔子曰:"求!无乃尔是过与?夫颛臾,昔者先王以为东蒙主,且在邦域之中矣,是社稷之臣也。何以伐为?"冉有曰:"夫子欲之,吾二臣者皆不欲也。"孔子曰:"求!周任有言曰:'陈力就列,不能者止。'危而不持,颠而不扶,则将焉用彼相矣?且尔言过矣,虎兕出于柙,龟玉毁于椟中,是谁之过与?"冉有曰:"今夫颛臾,固而近于费。今不取,后世必为子孙忧。"孔子曰:"求!君子疾夫舍曰欲之而必为之辞。丘也闻有国有家者,不患寡而患不均,不患贫而患不安。盖均无贫,和无寡,安无倾。夫如是,故远人不服,则修文德以来之。既来之,则安之。今由与求也,相夫子,远人不服,而不能来也;邦分崩离析,而不能守也;而谋动干戈于邦内。吾恐季孙之忧,不在颛臾,而在萧墙之内也!"

⑧《论语·先进》:季氏富比周公,而求也为之聚敛而附益之。子曰:"非吾徒也。小子鸣鼓而攻之,可也。"

子路的殉道

周敬王三十九年，也就是鲁哀公十四年①的春天。鲁国的贵族们又一次如约聚集在曲阜城西边的荒野，进行本年的春季田猎活动。除去围捕飞禽走兽以外，他们还需召开政治大会，以交流各自治理领地的成败得失。

按照规矩，每个季节贵族都要进行一次大型的狩猎，所谓春蒐、夏苗、秋狝、冬狩。②一个个讲来："蒐"即是搜捕未能怀胎的猛兽；"苗"则是捕杀有害于庄稼的禽兽；"狝"为猎取会伤家禽的野兽；最后到了冬天才能无所顾忌，选择任意目标围捕，即为"狩"。

然而是年的春蒐，叔孙氏却犯了规——他不小心猎杀了一匹母兽，而这匹母兽又长得极其奇特，无人可以辨识。大家为此感到十分恐慌，以为不祥。便派人来请老师去瞧个究竟。

老师当时已是七十一岁的高龄，平时不太出门。但如此重大的场合出了如此重大的事件，他也还是破例亲自驾车前往。抵达现场后只瞧了一眼，老师便立刻扭过头去："叔孙先生，您所猎到的，就是神兽麒麟。"

言毕，老师便施礼告辞回了学堂。失落地发了半天的呆之后，老师抬头对我们说道："这麒麟，是仁人的象征。而它却被围捕杀害，看来这是上天将断绝我大道的征兆啊。"

当时我们还都没当回事，以为老师又在瞎操心。谁知一个月后，老师最钟爱的学生——颜渊师弟竟真的暴病而亡。③颜师弟被老师视作大道的接班人，也是唯

——一个能听老师讲人性与天道的同学。得知他的死讯,老师嚎啕大哭:"天要亡我啊!……天要亡我啊!"④

看老师如此痛心,众师弟们都谋划着要厚葬颜渊,以宽慰老师,哪知老师却严词拒绝。不过新来的小师弟都不太听话,只当老师是舍不得钱,所以最终还是在颜渊的老爹——颜路大师兄的撺掇下,继续厚葬了颜渊。

但这"义举"却只是让老师更加悲痛,他满是愧疚地自言自语:"颜回啊,你把我当成了你的父亲,可我却不能以父子之礼来安葬你啊!你要是怪罪,不要怪罪我,就怪你这些师兄弟吧……"⑤

之后,老师便一病不起。过了大半年,才刚有些好转,却又赶来了另一则噩耗——邻国卫国发生了内乱,而子路大师兄刚带着子羔师弟去卫国为官。老师听闻之后,又流下了眼泪,摇着头对我们说:"这一遭,高柴可以活着回来,但你们的仲由师兄一定是再也回不来了……"

果然，几天之后，卫国的信使赶到，带来了大师兄死于内乱的消息，而子羔仍不知下落。而老师在接待卫使的中厅，又一次嚎啕大哭。⑥前一次哭颜渊，老师失去了大道的传人；而这一次哭子路，老师又失去了一生的依靠——大师兄是唯一一个肯与老师"道不行，乘桴浮于海"的人。

然而，大师兄的死，却本是可避免的。如果大家还记得，前文中我们讲过卫灵公与南子的故事。卫灵公的太子蒯聩因图谋杀害南子，被逐出卫国。为此，在卫灵公薨逝以后，侯爵之位跳过了蒯聩，直接由他的儿子，也就是卫灵公的孙子辄来继承，即卫出公。

当年卫出公刚刚继位的时候，大师兄还专门问过老师："老师啊，如果新卫公重用你，你所做的头一件事是什么呢？"老师毫不犹豫地答道："那当然是给他的爵位'正名'啦。"

彼时子路还笑话老师:"嘿!之前别人都说您迂腐我还不信,现在看来哪不是呢?好好地国家不去治理,倒光想着去'正名'。这鸟东西,正来正去的顶什么用呢?"⑦

但谁又能料到,正是因为卫出公的继位不够名正言顺,才让大师兄搭上了性命。

卫出公继位之后,他的亲爹蒯聩就有了意见,要让儿子讲个先来后到,把爵位先还给自己。等将来老子死了,自然轮得到你。但卫出公显然是不愿意,所以连国都不让蒯聩回。

如此这般,蒯聩恼羞成怒,便联系了朝中的重臣孔悝,相约里应外合,杀掉卫出公后迎自己回国继位。孔悝不负众望,起兵赶走了卫出公,蒯聩顺利回国,便立刻趁乱屠杀卫出公的近臣。

正在帝丘城内刀光剑影、一片哀嚎之时,反倒是子羔危困在城内,子路则安居于城外。但两人听闻政变之后，却开始相向奔跑。子羔向城外逃，子路向城里冲。而两人碰巧在城外撞了个满怀。

子羔见状，赶忙拉住子路："大师兄！你别回去了，卫公已经逃往国外，城门也已关闭。你就算回去也于事无补了。何必还要去送死呢！"但大师兄却撇开子羔："子羔师弟，我两人曾一起仕于卫国，如今卫君有难，如果我俩又一起逃命。那别人会怎么说孔门的学生呢？之后其他诸侯再要找忠臣，谁还会去孔门找呢？道不行也，已知之矣！就当我是以死来报答老师吧。"

言罢，子路逆着人流来到了帝丘城下，碰巧蒯聩的援军正要进城，大师兄跟在后面一起混入城中。子路当时是孔悝的家臣，便一路摸到了孔悝家。果然在里面找到了蒯聩和孔悝，二人见到了怒气冲冲的大师兄，忙逃上了家里的高台。

大师兄站在台下对蒯聩喊道："孔悝这人，是弑君的逆臣，你该杀了他才对，难道还准备重用他吗？！"但蒯聩和孔悝躲在台上，毫不理睬。大师兄则越骂越气，放火准备烧台。这下蒯聩才慌了手脚，急忙赶了两位贴身的卫士下台与子路决斗。

子路虽已年过六十，但以一敌二仍不相上下。正在一番搏斗之际，大师兄不慎被对方割断了帽缨，头发披散下来，帽子也半挂在脖子上。大师兄退后一步，开始整理帽冠，但对方二人却趁机冲上前来砍倒了他。

大师兄强撑着站了起来，扎好了头发，系好了帽子，才对二人说道："君子哪怕是死的时候，也要端端正正，绝不能披头散发。现在我准备好了。"言毕慷慨殉道。⑧

老师曾说过："志士仁人，无求生以害仁，有杀身以成仁。"⑨宽慰地想来，大师兄也终于从一个头戴鸡冠，腰缠野猪牙的粗野武夫，修炼成了一位"志士仁人"吧。

在老师极度的悲痛之中，总算发生了两件让他略感宽慰的事情。

第一件，是子羔从卫国逃回了学堂，并向老师讲述了他逃亡的经过：

子羔在卫国，同老师当初一样，也当的是大法官。在一次案件中，他判决犯人要受刖刑，也就是被砍去一只脚。不久之后，发生了蒯聩之乱，子羔逃到城门，结果竟发现这守门人就是那曾受刖刑的犯人。

但这守门人却对子羔非常热心，跟他说："我身为守门之人，所以不能违背禁令给你开门。但我能告诉你，你往左边跑，城墙上有一块缺口。"子羔却回答他："君子不能翻墙。"

守门人只好又说道："那你往右边逃，城墙角下有一个窟窿。"子羔又回答他："君子不能钻洞。"

守门人被逼得没法："唉，好吧，那你就躲进我屋里来吧。"子羔随即进了屋，找了个地方藏好。随后追兵赶到，也被他支走。又过了半个时辰，看城里一片混乱，守门人叫出了子羔："子羔先生，你赶快出来，我趁乱开个门缝放你出城！"

子羔却非常疑惑："曾经我判你受了刖刑，今天可是你报仇的大好时机，但你为什么要尽全力帮助我呢？"

守门人行礼答道："子羔先生，受刖刑是我罪有应得。当时您判决我的案件时，把我的案件放在了最后一个审理，我知道，这是您在拖时间，以寻找能减轻我惩罚的理由。但您当然是没有找到，所以只能判我刖刑。不过您在宣判的时候，神态愀然不乐，我知道这是您在为我惋惜。为此，我发自内心地敬重先生。"

老师听了子羔的这则故事，才露出了久违的微笑，夸奖道："常思宽恕仁爱就会树立品德，常思严刑厉法就会招致怨仇。高柴你很懂得这个道理嘛。"⑩

而正在子羔师弟点头称是的时候，子贡师弟也从齐国回来了。

注释：

① 即公元前481年。

②《左传·隐公五年》：故春蒐夏苗，秋狝冬狩，皆于农隙以讲事也。

③《史记·孔子世家》：鲁哀公十四年春，狩大野。叔孙氏车子鉏商获兽，以为不祥。仲尼视之，曰："麟也。"取之。曰："河不出图，洛不出书，吾已矣夫！"颜渊死，孔子曰："天丧予！"及西狩见麟，曰："吾道穷矣！"

④《论语·先进》：颜渊死。子曰："噫！天丧予！天丧予！"

⑤《论语·先进》：颜渊死，门人欲厚葬之，子曰："不可。"门人厚葬之。子曰："回也视予犹父也！予不得视犹子也！非我也，夫二三子也！"

⑥《孔子家语·曲礼·子夏问》：子路与子羔仕于卫，卫有蒯聩之难。孔子在鲁，闻之，曰："柴也其来，由也死矣。"既而卫使至，曰："子路死焉。"夫子哭之于中庭。

⑦《论语·子路》：子路曰："卫君待子而为政，子将奚先？"子曰："必也正名乎！"子路曰："有是哉？子之迂也！奚其正？"

子曰:"野哉,由也!君子于其所不知,盖阙如也。名不正,则言不顺;言不顺,则事不成;事不成,则礼乐不兴;礼乐不兴,则刑罚不中;刑罚不中,则民无所措手足。故君子名之必可言也,言之必可行也。君子于其言,无所苟而已矣。"

⑧《史记·仲尼弟子列传》:初,卫灵公有宠姬曰南子。灵公太子蒉聩得过南子,惧诛,出奔。及灵公卒而夫人欲立公子郢,郢不肯,曰:"亡人太子之子辄在。"于是卫立辄为君,是为出公。出公立十二年,其父蒉聩居外,不得入。子路为卫大夫孔悝之邑宰。蒉聩乃与孔悝作乱,谋入孔悝家,遂与其徒袭攻出公。出公奔鲁,而蒉聩入立,是为庄公。方孔悝作乱,子路在外,闻之而驰往。遇子羔出卫城门,谓子路曰:"出公去矣,而门已闭,子可还矣,毋空受其祸。"子路曰:"食其食者不避其难。"子羔卒去。有使者入城,城门开,子路随而入,造蒉聩。蒉聩与孔悝登台,子路曰:"君焉用孔悝,请得而杀之。"蒉聩弗听。于是子路欲燔台,蒉聩惧,乃下石乞、壶黡攻子路,击断子路之缨。子路曰:"君子死而冠不免。"遂结缨而死。

⑨ 出自《论语·卫灵公》。

⑩《孔子家语·观思》:季羔为卫之士师,刖人之足。俄而,卫有蒯聩之乱。季羔逃之,走郭门。刖者守门焉。谓季羔曰:"彼有缺。"季羔曰:"君子不逾。"又曰:"彼有窦。"季羔曰:"君子不隧。"又曰:"于此有室。"季羔乃入焉。既而追者罢,羔

将去，谓刖者曰："吾不能亏主之法而亲刖子之足，今吾在难，此正子之报怨之时，而逃我者三，何故哉？"刖者曰："断足，固我之罪，无可奈何。曩者，君治臣以法令，令先人后臣，欲臣之免也，臣知之。狱决罪定，临当论刑，君愀然不乐，见君颜色，臣又知之。君岂私臣哉？天生君子，其道固然。此臣之所以说君也。"孔子闻之曰："善哉！为吏，其用法一也，思仁恕则树德，加严暴则树怨。公以行之，其子羔乎。"

子贡的卫道

子贡师弟之所以去齐国,与一个叫作田恒①的人有关。田恒本来在齐国当着大官,而他又不老实,所以他先弑了国君齐简公。再安排简公的弟弟骜继位,为齐平公,最后又把自己封为宰相,从此便一人独揽大权。②

但蛮横如此,田恒也并非毫无顾忌:毕竟齐国尚有着高、国、鲍、晏四大家族,虽说他们并不关心齐简公的命运,但也更不会放任田恒为所欲为。

而田恒也非常机智,一方面不招惹四大家族,所以并不篡位夺权③;另一方面又防备着四大家族,故又不肯放松兵权。而要控制军队，没有比发动一场战争更好的方法了——于是，他信心满满地向邻居鲁国宣了战。

说来也是可笑，田恒当初弑君的时候，老师就曾斋戒沐浴，上朝要求鲁哀公发兵讨伐，以止齐国的内乱。但哀公却推脱道："鲁国是弱国，齐国是强国，我们怎么可能打得过他们呢？"

老师劝道："齐国虽是大国，但现在齐国的百姓大多数都反对田恒，我们的军队，配合他们的帮助，还怕打不过田恒吗？"

但鲁哀公还是摇摇头："唉，可我现在在鲁国说了不算啊，孔先生还是去问问季孙先生的意见吧。"

老师便又去了季康子的家中，要求他发兵讨伐田恒，而季康子自己也盼着有朝一日能独揽大权呢，哪会去攻打自己的偶像田恒呢？所以也打发走了老师。④可谁能料到，西边不闹东边闹，这场田鲁的大战还是没能绕开。

大军临城，老师对同学们说："鲁国，是我们的父母之国，又是我们祖先安眠的地方。现在国家危难，你们都准备怎么办呢？"

当时大师兄正从卫国请了半个月的假，以回国看望老师，所以他头一个说道："老师，请让我带兵去与他们拼命吧！"老师摇摇头："不可。"

子张⑤和子石⑥两位小师弟也上前自荐："请老师允许我们两位去说服田恒，让他退兵吧。"老师也摇了摇头："不可。"

最后子贡师弟才说："我虽不是鲁国人，但我也愿意去试试。"老师这才点头："可以。"

子贡出城，大大方方地走进了齐国的军营。田恒对子贡早有耳闻，所以对他以礼相待。子贡却不客套，直接说道："田先生，你攻打鲁国可是犯了个大错。你看，鲁国的城墙又矮又破，地盘又小又窄，国君又蠢又坏，大臣虚伪无用，人民反感战争，这样的国家多难打啊；要我说，你不如去攻打吴国，吴国的城墙又高又厚，地盘又广又深，铠甲都是最新的，士兵都是最壮的，兵强马壮粮草充足，大臣又很贤明，这样的国家打起来多简单呢？"

田恒毕竟聪明不过子贡，所以听完子贡的高见，立刻发起了脾气："子贡先生，你不是在耍我吧？别人说难的你说简单，别人说简单的你说难。"

子贡接着解释道："我听说，忧患在内的，要去攻打强者；忧患在外的，才去攻打弱国。如今田先生君臣失和，朝中又有四大世族威胁。所以说您不如去攻打吴国，这样才能保证长期把持军权。如果这趟您一下就把鲁国打下来了，那不是白给国君增添荣誉了吗？"

田恒这才明白过来："对呀！可是我发兵的时候说了是来打鲁国，突然转道去打吴国也不像话啊。这可怎么办？"

子贡当然早有准备："田先生不必担心，我这就去见吴王，来劝他派兵救鲁国，这样您就师出有名了。"

言罢，告辞而去。但去吴国之前，子贡先回鲁国见了一下老师。没想到就在这一去一回之间，大师兄就在卫国罹难。子贡汇报了自己的成果之后，又陪伴了老师一个多月，待老师心情渐宽，才放心南下去了吴国。

当时的吴王叫作夫差，子贡对他说道："大王，我听说，王者不决世，霸者无强敌。如今有一万辆战车的齐国要攻打有一千辆战车的鲁国，如果得胜，那齐国的势力必将大大增强。这对吴国可是巨大的威胁啊。要我看，大王这时不如发兵去救鲁国。如此一来，大王既赚到了拯救弱国的名声，又借此遏制了齐国的扩张。如此一石二鸟的举措，聪明人都不会犹豫的！"

夫差想了想，点头称道："子贡先生说得很对，但我在东边还有个忧患。我曾经打败了越国,但仍让越王住在会稽。我最近听说那小子正养兵蓄锐,想来报仇。你等我先去把越国彻底打败,再去救鲁国吧。"

子贡继续劝道:"越国的危急比不过鲁国,吴国的兵力比不过齐国。等到大王打败了越国,那鲁国早已被灭国了。而且大王以存亡继绝之名,让越王仍住在会稽,诸侯们都为此称赞您的大度仁义。如果您这时候又去攻打越国,那大家不但会说您欺软怕硬,躲着强齐而去欺负越国;更要说您不守信用道义了。况且,勇者不避难,仁者不穷约,智者不失时,王者不绝世。如果您在保留越国的同时,又救鲁伐齐,那连西方的晋国都会尊您为诸侯的盟主了!大王不要担心,我去替您见见越王,让他派兵与您一同去攻打齐国。"

一番话毕,吴王大悦,马上就派子贡东进出使越国。

那时的越王叫作勾践,他当时正躺在草堆里舔苦胆。一听子贡前来，急忙起身，跑到城外迎接，又把子贡请到了自己家，恭恭敬敬地问道："子贡先生，我们越国是蛮夷之邦，不知先生前来有何指教。"

子贡说道："大王，我刚刚劝说吴王，让他去救鲁伐齐，而他却跟我说：'等我先去把越国彻底打败，再去救鲁国吧。'我听说，自己没有报仇之心却被他人怀疑，那是拙笨；如果自己有报仇之心却被他人知晓，则更危险。不知大王您是哪一种情况呢？"

勾践也不把子贡当外人，顿首再拜之后答道："当年因为我未作准备，而被吴国大败。实话跟先生说，自此之后，我没有一日不想着报仇，只求能与夫差他同归于尽。勾践在此，还请子贡先生赐教！"

子贡回答："大王不用担心，吴王为人猛暴，不但杀了伍子胥这么一个大功臣，又让奸臣伯嚭执掌朝廷。吴国的大臣百姓早都已对他忍无可忍。在这种情况下，依然劳师袭远，岂不是自寻死路吗？但如今，还要请大王委屈一下，继续向夫差俯首称臣，以安其心；再赠他宝物重器，以悦其意。这样一来，他必然飘飘然地去攻打齐国。到那时，如果他失败，便是您反攻的机会；如果他成功，那他一定会继续去向西攻打晋国。大王请许我为您去劝说晋君，让他与您一同攻打吴国。"

一番话毕，越王也大悦，要送子贡黄金百镒，宝剑一把，良矛二支。但子贡并没有接受，而是又回头去见了吴王："大王，我已向越王转告了您对他的疑虑，他听了之后大惊失色，跪在地上谢罪：'我勾践曾经不受管教，才得罪了吴国，军败身辱。幸而有吴王大度，准许我保存社稷。这样的大恩，我至死不忘，哪里有所谓的报仇之说呢！'"

夫差听后，将信将疑。但五天之后，勾践也派了使节来见吴王："东海役臣勾践，听闻大王要起兵行大义。诛强救弱，困暴齐而抚周室，愿意亲自带领举国的兵力三千人随同，以尽绵薄之力！另外，越国再为大王献上铠甲二十领，铁屈卢之矛，步光之剑，以祝出征成功！"

夫差转头询问子贡："勾践他想亲自带兵与寡人一同攻打齐国，先生对此的意见如何呢？"

子贡摇摇头："我看来不可。穷尽他国之力来成就自己的名声，是不义之举。大王可以收下他们的礼物，但不必让勾践派兵随同。"夫差听从了子贡的意见，独自带大军前去攻打齐国。

子贡趁机又辗转去了晋国，见到了晋定公："晋君，我听说，虑不先定不可以应卒，兵不先辨不可以胜敌。现在，齐国与吴国即将交战，如果吴国失败，那国君不必惊慌，因为越国必趁乱攻打吴国；但如果吴国获胜，那他下一步一定就是来攻打晋国了。"

晋定公听后大惊："那我该怎么办呢？"子贡不紧不慢地答道："国君不用担心，我已为您联系好了越国。您只需休整军队，若吴国来犯，越国必与您一同夹击他们。"

说服过晋定公之后，子贡终于回到了鲁国，头一件事，就是去向老师汇报。而老师却是心情低落，垂垂老矣，独自拄杖站在门前悲唱："泰山其颓乎！梁木其坏乎！哲人其萎乎……"

看到子贡前来，老师流下了眼泪："端木赐啊，你怎么才回来啊。"子贡陪伴老师七日之后，老师去世。

同时，子贡布下的局也一个一个地兑现：

首先，吴国在艾陵大破齐军。随后，果然带兵西进攻打晋国。晋国早有准备，大败吴国。同时，越王勾践渡江袭吴。夫差听闻之后，迅速带兵回撤，与越国在五湖作战，终于战败身死军中，吴国也随之灭亡。而勾践，则借此当上了新一任的诸侯霸主。⑦

概括而言，子贡此行，存鲁，乱齐，破吴，强晋而霸越。自此，他的名声传遍了天下。但子贡却告别了这一风光的世界，而是静静地操办起老师的葬礼。待老师下葬之后，又带头为老师守三年之丧。

对此，有很多人都不理解。比如鲁国就有个叫叔孙武叔的大臣就常说："这个孔子有什么厉害的呢？颠沛流离十几年也实现不了自己的抱负。倒是他的徒弟子贡才能算是人才，你看就游说了一遭，天下就起了这么大的变化。可惜啊，他现在还要给孔子守丧。真是拜错了师父。"

子贡听说了之后，非常生气："叔孙武叔这人真是个蠢货！像我这样的本领，不过就是个丘陵，人人努力都可以登上的；但我们的老师，那可是像日月一样，谁能比日月还高呢？即使有人想自绝于日月，又何伤于日月呢？不过是自不量力罢了。之所以大家会觉得我成功，而老师失败。就像是宫墙一样，我家的墙只与人的肩膀一样高，所以大家一扭头就能看到我的好房子；但老师的墙，却有数仞之高，你不走进家门，哪里看得到里面的繁华呢？"⑧

但子贡的解释，依旧不能服众。有个叫陈子禽的人，专门跑来向他求证："子贡先生，您是出于对孔子的尊敬，才说您不如他的吧。如果不是您，勾践他尝再多的苦胆不还得在草堆里躺着。所以说，您才是真圣人呢！"

子贡先向老师的坟头行了一礼，再对子禽说道："君子一言以为知，一言以为不知。所以说话不能不当心啊，我这么跟你说吧，要做到我们老师的境界，那可比登天还难啊。我们的老师，就像古话所说的：他要建立什么，什么就必建立；他要施行大道，就必畅通无阻；他要安抚百姓，百姓就必来归附；他要发动百姓，百姓也必团结。其生也荣，其死也哀。这样的境界，有谁能达到呢？"⑨

最终，为了杜绝世人的怀疑。三年期满，子贡送别了我们这些同学之后，又一人为老师再守三年的丧。

再之后,我就更没见过他了。听说他去了齐国,并终老在了那里。⑩

而我跟子游,为老师守丧之后,没有再回武城,而是去了吴国的故地,也办起了私学,招了几十个学生。希冀着,若是能把老师的大道传到如此蛮荒之地,就能算是对他最好的纪念了吧。

老师晚年闲居卫国时,曾有个卫国的地方官求见,与老师聊了不到半个时辰,便欣然而出。对我们兴奋地说道:"你们为什么要担心孔先生现在没有官做呢?这小小的朝廷又岂能承载他的理想?你们真正该考虑的,是如何把先生的大道传承下去,使他成为召唤整个天下的木铎!"⑪

而子贡师弟也曾说:"文武之道,未坠于地。"⑫或许我们未来的大任,便是从老师的手中接过火炬,把它传去更远更久的地方吧。

注释:

① 即田常,田成子。因此家族出自陈国,也称为陈恒。汉朝时,为避汉文帝刘恒之讳,所以又改称田常。

② 《史记·十二诸侯年表》:田常杀简公,立其弟骜,为平公,常相之,专国权。

③ 然而田氏的后人田和还是在九十年后的公元前391年,篡夺了齐国的爵位。史称"田氏代齐"。

④ 《左传·哀公十四年》:甲午,齐陈恒弑其君壬于舒州。孔丘三日斋,而请伐齐,三。公曰:"鲁为齐弱久矣,子之伐之,将若之何?"对曰:"陈恒弑其君,民之不与者半,以鲁之众,加齐之半,可克也。"公曰:"子告季孙。"孔子辞。退而告人曰:"吾以从大夫之后也,故不敢不言。"

⑤ 颛孙师,字子张,少孔子四十八岁。

⑥ 公孙龙,字子石,少孔子五十三岁。

⑦ 《史记·仲尼弟子列传》:田常欲作乱于齐,惮高、国、鲍、晏,故移其兵欲以伐鲁。孔子闻之,谓门弟子曰:"夫鲁,坟墓所处,父母之国,国危如此,二三子何为莫出?"子路请出,孔子止之。子张、子石请行,孔子弗许。子贡请行,孔子许之。

遂行,至齐,说田常曰:"君之伐鲁过矣。夫鲁,难伐之国,其城薄以卑,其地狭以泄,其君愚而不仁,大臣伪而无用，其士民又恶甲兵之事，此不可与战。君不如伐吴。夫吴，城高以厚，地广以深，甲坚以新，士选以饱，重器精兵尽在其中，又使明大夫守之，此易伐也。"田常忿然作色曰："子之所难，人之所易；子之所易，人之所难。而以教常，何也？"子贡曰："臣闻之，忧在内者攻强，忧在外者攻弱。今君忧在内。吾闻君三封而三不成者，大臣有不听者也。今君破鲁以广齐，战胜以骄主，破国以尊臣，而君之功不与焉，则交日疏于主。是君上骄主心，下恣群臣，求以成大事，难矣。夫上骄则恣，臣骄则争，是君上与主有郄，下与大臣交争也。如此，则君之立于齐危矣。故曰不如伐吴。伐吴不胜，民人外死，大臣内空，是君上无强臣之敌，下无民人之过，孤主制齐者唯君也。"田常曰："善。虽然，吾兵业已加鲁矣，去而之吴，大臣疑我，奈何？"子贡曰："君按兵无伐，臣请往使吴王，令之救鲁而伐齐，君因以兵迎之。"

田常许之，使子贡南见吴王。说曰："臣闻之，王者不绝世，霸者无强敌，千钧之重加铢两而移。今以万乘之齐而私千乘之鲁，与吴争强，窃为王危之。且夫救鲁，显名也；伐齐，大利也。以抚泗上诸侯，诛暴齐以服强晋，利莫大焉。名存亡鲁，实困强齐，智者不疑也。"吴王曰："善。虽然，吾尝与越战，栖之会稽。越王苦身养士，有报我心。子待我伐越而听子。"子贡曰："越之劲不过鲁，吴之强不过齐，王置齐而伐越，则齐已平鲁矣。且王方以存亡继绝为名，夫伐小越而畏强齐，非勇也。夫勇者不避难，仁者不穷约，智者不失时，王者不绝世，以立其义。今存越示诸侯以仁，救鲁伐齐，威加晋国，诸侯必相率而朝吴，霸业成矣。且王必恶越，臣请东见越王，令出兵以从，此实空越，名从诸侯以伐也。"吴王大说，乃使子贡之越。越王除道郊迎，身御至舍而问曰："此蛮夷之国，大夫何以俨然辱而临之？"子贡曰："今者吾说吴王以救鲁伐齐，其志欲之而畏越，曰'待我伐越乃可'。如此，破越必矣。且夫无报人之志而令人疑之，拙也；有报人之志，使人知之，殆也；事未发而先闻，危也。三者举事之大患。"勾践顿首再拜曰："孤尝不料力，乃与吴战，困于会稽，痛入于骨髓，日夜焦唇干舌，徒欲与吴王接踵而死，孤之愿也。"遂问子贡。子贡曰："吴王为人猛暴，群臣不堪；国家敝以数战，士卒弗忍；百姓怨上，大臣内变；子胥以谏死，太宰嚭用事，顺君之过以安其私。是残国之治也。今王诚发士卒佐之以徼其志，重宝以说其心，卑辞以尊其礼，其伐齐必也。彼战不胜，王之福矣。战胜，必以兵临晋，臣请北见晋君，令共攻之，弱吴必矣。其锐兵尽于齐，重甲困于晋，而王制其敝，此灭吴必矣。"越王大说，许诺。送子贡金百镒，剑一，良矛二。子贡不受。

遂行，报吴王曰："臣敬以大王之言告越王，越王大恐，曰：'孤不幸，少失先人，内不自量，抵罪于吴，军败身辱，栖于会稽，国为虚莽。赖大王之赐，使得奉俎豆而修祭祀，死不敢忘，何谋之敢虑！'"后五日，越使大夫种顿首言于吴王曰:"东海役臣孤勾践使者臣种,敢修下吏问于左右。今窃闻大王将兴大义,诛强救弱,困暴齐而抚周室,请悉起境内士卒三千人,孤请自被坚执锐,以先受矢石。因越贱臣种奉先人藏器,甲二十领,鈇屈卢之矛,步光之剑,以贺军吏。"吴王大说,以告子贡曰:"越王欲身从寡人伐齐,可乎?"子贡曰:"不可。夫空人之国,悉人之众,又从其君,不义。君受其币,许其师,而辞其君。"吴王许诺,乃谢越王。于是吴王乃遂发九郡兵伐齐。

子贡因去之晋,谓晋君曰:"臣闻之,虑不先定不可以应卒,兵不先辨不可以胜敌。今夫齐与吴将战,彼战而不胜,越乱之必矣;与齐战而胜,必以其兵临晋。"晋君大恐,曰:"为之奈何?"子贡曰:"修兵休卒以待之。"晋君许诺。

子贡去而之鲁。吴王果与齐人战于艾陵,大破齐师,获七将军之兵而不归,果以兵临晋,与晋人相遇黄池之上。吴、晋争强。晋人击之,大败吴师。越王闻之,涉江袭吴,去城七里而军。吴王闻之,去晋而归,与越战于五湖。三战不胜,城门不守,越遂围王宫,杀夫差而戮其相。破吴三年,东向而霸。

故子贡一出,存鲁,乱齐,破吴,强晋而霸越。子贡一使,使势相破,十年之中,五国各有变。

⑧《论语·子张》:叔孙武叔语大夫于朝,曰:"子贡贤于仲尼。"子服景伯以告子贡。子贡曰:"譬之宫墙,赐之墙也及肩,窥见室家之好。夫子之墙数仞,不得其门而入,不见宗庙之美,

百官之富。得其门者或寡矣。夫子之云，不亦宜乎！"

叔孙武叔毁仲尼。子贡曰："无以为也！仲尼不可毁也。他人之贤者，丘陵也，犹可逾也；仲尼，日月也，无得而逾焉。人虽欲自绝，其何伤于日月乎？多见其不知量也。"

⑨《论语·子张》：陈子禽谓子贡曰："子为恭也，仲尼岂贤于子乎？"子贡曰："君子一言以为知，一言以为不知，言不可不慎也！夫子之不可及也，犹天之不可阶而升也。夫子之得邦家者，所谓立之斯立，道之斯行，绥之斯来，动之斯和。其生也荣，其死也哀，如之何其可及也？"

⑩《史记·仲尼弟子列传》：常相鲁、卫，家累千金。卒终于齐。

⑪《论语·八佾》：仪封人请见，曰："君子之至于斯也，吾未尝不得见也。"从者见之。出曰："二三子何患于丧乎？天下之无道也，久矣，天将以夫子为木铎。"

⑫出自《论语·子张》。

主要参考书目

《春秋左传注》,杨伯峻编著,中华书局1981年。

《史记》,司马迁著,中华书局1982年。

《孔子传》,张秉楠著,吉林文史出版社1989年。

《孔门七十二贤》,李廷勇著,三秦出版社2000年。

《孔子传》,钱穆著,生活·读书·新知三联书店2002年。

《中国哲学史大纲——古代哲学史》,胡适著,台湾商务印书馆2008年。

《孟子译注》,杨伯峻译注,中华书局2010年。

《非常师生——孔子和他的弟子们》,石毓智著,商务印书馆2010年。

《庄子译注》,杨柳桥撰,上海古籍出版社2012年。

《孔子家语通解》,杨朝明、宋立林主编,齐鲁书社2013年。

《孔子传》,鲍鹏山著,中国青年出版社2013年。

《孔子传》,[日]白川静著,吴守钢译,人民出版社2014年。

《晏子春秋》,汤化译注,中华书局2015年。

《〈论语〉导读》,鲍鹏山著,中国青年出版社2017年。

/ 后记 /

首先,感谢所有选择这本书的朋友们。

如果让我作为作者,来总结一下这本书,那么严格地说,它大概是算作一本"托古之作"。

虽然我自己并不喜欢"托古"这两个字,毕竟它在历史上并不是一个带有积极意味的词语:前有王莽,后有康有为——"托古"已然成了"妄人"的专属。

可如今,我虽然不是一个"妄人",却也不得不借古人任子选之名来写这本书。无他,若不是借孔门七十二贤之名创作，那么读者一定会认为我只是在编故事而已。

正因为如此，我才选了任子选这位在历史上几乎查不到任何记录，生卒年也不详的孔门弟子作为本书的主人公，以免让人有所怀疑。但事实上，在创作本书的过程中，我还是下了不少功夫，尽全力严谨对待。

在写每一章之前，我都会查阅大量的相关书籍，再依据其中的记载，列出详细的时间年表，之后才敢动笔，唯恐文章内容与历史记载有所偏差。

如果这本书的读者里有学生朋友，那么书中的故事都可以放心地拿来引在自己的作文里——因为它们都是确确实实，又有教育意义的好材料。

在此，要诚挚地感谢我的妻子赵安琪女士，如果没有她的建议和鼓励，这本书一定会逊色很多。同时，我也必须要感谢前辈孙晶老师，在她的帮助和指导下，本书才得以顺利出版。此外，还要感谢楼岚岚老师和责任编辑胡雅君对本书耐心细致的编校。

最后，感谢所有读完这本书的朋友们。

鲍震

2018 年冬　于上海

图书在版编目(CIP)数据

我的老师孔仲尼/鲍震著.—上海:学林出版社,
2018.8
ISBN 978-7-5486-1424-1

Ⅰ.①我… Ⅱ.①鲍… Ⅲ.①孔丘(前551—前479)
-生平事迹-青少年读物 Ⅳ.①B222.2-49

中国版本图书馆CIP数据核字(2018)第166606号

策　　划	夏德元
责任编辑	胡雅君　许苏宜
整体设计	海未来

我的老师孔仲尼

鲍震 著

出　　版	学林出版社
	(200235　上海钦州南路81号)
发　　行	上海人民出版社发行中心
	(200001　上海福建中路193号)
印　　刷	上海盛通时代印刷有限公司
开　　本	787×1092　1/32
印　　张	9.875
字　　数	11万
版　　次	2019年1月第1版
印　　次	2019年1月第1次印刷
ISBN 978-7-5486-1424-1/G・543	
定　　价	48.00元